從弘法寺到天后宮

走訪日治時期臺北朝聖之路

王曉鈴 著

自序
我的神隊友

這時候，我該繼續拍攝下去，還是去幫忙拉王船？

二〇二一年三月，適逢三年一度的臺南香科年，我在蘇厝真護宮採訪送王船，蘇厝人依照傳統，全靠人力把王船用繩索拉到真護宮對面空地，將船首朝著當年河邊發現王船的方向，送走王船。

這一天，南臺灣的人們與陽光同樣熱情，現場所有人的努力都是為了成就王爺順順利利的返回天庭，眾人搶著為神明服務，根本沒有我插手餘地。然而，「想幫忙拉王船」的念頭閃過，原本滿滿大小手的繩子突然在我眼前出現空位，彷彿徵召我。

「是，我知道了。」既然內心戲的答案出現了，我索性把相機橫揹，手機收進口袋，抓起繩子重心向後、腳跟踏地，像拔河一樣，跟著千人一起在旱地拔一條船……。

我沒有靈異感應，只是跟著感覺走。就像時常有人問我，為什麼喜歡寫寺廟？為什麼選擇日本佛教與臺灣信仰交涉的主題？我沒有魔法，只是個隨順因緣的麻瓜。

我有好多的神隊友，給予我種種與神聖交會的際遇。

擔任旅遊記者的期間，我在耶路撒冷走過耶穌扛著十字架走過的苦路，面對過猶太教的哭牆，划過印度教崇敬的恆河水面，目睹瑣羅亞斯德教那盆不滅的聖火，也追尋佛陀出生、悟道、初轉法輪到涅槃的世間之路……。

既不願辜負機緣，就要把這些宗教故事好好地說一說，尤其是我最常造訪的日本。

有段時間，我幾乎每個月出差採訪日本一趟，當別人著墨於美景美食，我的眼光總落在跟信仰有關的事物，對寺廟神社與傳說神話勤做筆記，當時自己不知道蒐集報導之外的資料有什麼用，直到二〇一五年寫了《日本珍奇廟》，成為臺灣第一本導覽日本神社寺廟文化的深度旅遊書，珍藏的筆記終究有了出口。

起先我留意的是日本寺廟衍生出的文化創意，以及那有點無厘頭的趣味。再後來，我回首看到臺灣寺廟居然藏有日本佛像，這些日籍佛像與背後故事成為我的關注，尤其是日治時代結束後，祂們留在臺灣遭遇了哪些好的或壞的對待？是誰守護著祂們直到現在？我利用兩年時間回校園研讀宗教，為心中的疑問找答案，完成了碩士論文。

在撰寫論文之初就已預計出書，即便如此，我在書稿改寫上還是拖拖拉拉，時常糾結在加與減之間。直到二〇二一年五月臺灣宣布三級警戒，在無法與親友聚會，無法正常上班上課的日子裡，以為失去所有，其實是回頭看見擁有，我趁著難得的閉關，再次拿起論文檢視，已經能夠勇敢捨去，增加旅途見聞，且添入更多日治時期的臺灣佛寺以豐富面向。

能完成書稿要感謝的人太多了，首先感謝指導教授李豐楙博士的教導並鼓勵我出書，感謝輔大宗教系所有師長，感謝碩職班導師莊宏誼老師、佛光大學闞正宗老師的細膩提點。感謝所有受訪者，尤其是臺北天后宮主委黃秀福、已退休的總幹事吳教道，北投普濟寺慧明法師、如目法師、黃明貴師兄。感謝日本友人西村理惠、細木仁美在文獻與老照片上的協助。感謝楊燁、黃適上、姚其中、黃永銓、高傳棋等文史工作者大方分享資料與故事。

日本佛教與臺灣信仰的關係，是人與人、人與神，甚至神與神在時空背景下的交會，可惜二〇二〇年以來由於疫情蔓延，許多互動按下暫停鍵。試想，假如類似嚴峻疫情發生在百年前，人與人之間連說話都有顧忌，無法產生今日的交流結果了，也就沒有這般精彩的好故事可說，從前人說謝天，我也要感謝所有的神隊友。

◇目 錄◇

◇目 錄◇

◇目 錄◇

楔子　尋找日本佛教來時路與新出路

為了尋找日本佛教在臺北的足跡，這幾年來經常穿梭在大廟小祠間，有一幕畫面不斷的在我眼前上演，只是背景地點不同——不論在西門町商樓裡的臺北天后宮，或是日式建築鮮明的北投普濟寺，亦或是北投山間的石佛小祠，拜拜的人不在乎眼前所求的神祇原是日本籍，他們拿香拜拜、用擲筊溝通、打造金牌酬謝，也用臺語對著日本諸神訴說內心的憂愁與感恩。

日本統治臺灣五十年期間，來臺布教者共有八宗十四派[1]之多。民國三十四年（一九四五）二戰結束，日僧跟隨日本政權離臺，表面上日本佛教對臺灣宗教信仰的影響不再掀起波瀾，現實中卻激盪漪漣，日本神祇的供奉即是顯著表徵。這些日本佛教元素如何與臺灣信仰相容並「共處一室」？臺灣人又是如何看待前政權的諸神？衝突與融合，一直是我感興趣的議題，就像滾動的泥球再拾起，已沾上這片土地的沙塵，與之交融化不開。

民國一〇六年（二〇一七）十二月二十一日，透過日本媒體友人細木仁美以及

註　1 八宗指華嚴宗、天臺宗、真言宗、臨濟宗、曹洞宗、淨土宗、淨土真宗、日蓮宗；十四派指華嚴宗、天臺宗、真言宗高野派、真言宗醍醐派、臨濟宗妙心寺派、曹洞宗、淨土宗、淨土宗西山深草派、淨土真宗本願寺派、真宗大谷派、真宗木邊派、日蓮宗、本門法華宗、顯本法華宗。參考：松金公正〈日據時期日本佛教之臺灣布教—以寺院數及信徒人數的演變為考察中心〉。

黃明貴師兄牽線，並承蒙北投普濟寺時任住持的如目法師同意，有幸參與湯守觀音見面會。當日，親睹仰慕已久的湯守觀音安置在寺院牆面上，對映百年前報載的熱鬧開眼慶典，讓人訝異湯守觀音，今日竟是如此低調隱藏的存在。

明治三十八年（一九〇五）十月十七日，人們為湯守觀音舉行盛大的開眼式，臺灣第一大報《臺灣日日新報》報導北投旅館料亭優待遊客，北投俱樂部提供休憩所招待咖啡，從停車場到天狗庵間懸掛燈籠，施放煙火，並由十餘位僧侶主持開光儀式。儀式結束後，表演了相撲、藝妓手舞、新演劇與劍舞……。百年前報載的活動場景，今日到日本各地祭典還能見到，很容易在腦海中勾勒出明治三十八年北投當日的歡慶畫面。

然而，這尊在歡欣鼓舞中供奉的湯守觀音，戰後被淡忘且消失成謎，長年以來是北投文史工作者追查的目標，近年才被發現隱身於普濟寺。原本與北投溫泉關係緊密的湯守觀音，隨著戰後日人離去，所代表的意義似乎有了轉變。

從湯守觀音的例子，我聯想到自小常去的臺北天后宮。過去好奇為什麼西門町媽祖廟裡供奉著「弘法大師」[2]是其他宮廟沒有的神祇。日後我遊歷日本看到一模一樣的「弘法大師」，才理解到尋找的答案是日本留下的大師信仰。

註 2 弘法大師為真實人物，受崇拜為神祇，故在此加入引號稱之。

北投普濟寺與臺北天后宮的前身皆為日本佛寺，但造化不同。普濟寺裡的湯守觀音是臺灣佛教與日本佛教交涉的象徵。相較之下，臺北天后宮裡的「弘法大師」則見證了臺灣民間信仰與日本佛教的關係，是截然不同信仰的宗教對話，具有衝突意義。

在調查臺北天后宮與北投普濟寺的過程中，我驚喜發現看似無關的兩者，隱藏一個共同點——臺北新四國八十八所靈場，兩者在日治時期皆是臺北新四國八十八所靈場之一，弘法寺（今臺北天后宮）為第1番，鐵真院（今北投普濟寺）為第88番，恰巧就是起站與終點。基於新聞工作的嗅覺，我聞出這是一個有意義的連結。

何謂臺北新四國八十八所靈場？要先從日本四國說起。近年臺灣興起「遍路」[3]風潮，前往日本四國八十八所靈場進行巡禮者漸多。早在日治時期，臺北曾出現一條以石佛串起的臺北新四國八十八所靈場。倘若以「點」來看單一佛寺，臺北新四國八十八所靈場就是串連起弘法寺與鐵真院的「線」。現今臺北已不見遍路者，靈場意義是否仍在？留下來的石佛遭逢什麼樣的際遇？眾多疑點皆是追查重點。

在此要先說明的是，為對應「四國遍路」慣稱，本文時而使用「臺北遍路」表示臺北新四國八十八所靈場，指的是出現在臺北的遍路活動，事實上「臺北遍路」

註 3 日本四國傳統的朝聖活動，基於對弘法大師的信仰參拜「四國八十八所靈場」的活動。全程約一〇七七公里，也有一二〇〇至一四〇〇公里的說法，遍路者全程步行需要四十多天時間。

一詞在歷史文獻中從未出現。

我以兩種方式進行：一是梳理文獻資料，從歷史和文獻探究背景；二是納入田野調查，實地訪談，探討與宗教議題息息相關的神聖儀式，及世俗的實踐形式。

自民國一〇七年（二〇一八）五月與指導教授李豐楙博士確定研究方向，即以兩年時間調查與訪談，蒐集臺北天后宮與北投普濟寺執事者與信徒的口述資料，取得日本佛教在這兩間寺廟呈現的樣貌。並且從臺北天后宮出發，盡可能的找出臺北遍路遺跡，同時訪問在地耆老與石佛供奉者，以追蹤這條百年前朝聖之路的變化。

關於宗教寺廟的研究，從人物、歷史與建築藝術皆是可探議題，我特別著眼於神的具象與人的信仰。多年造訪臺日寺廟的經歷，我察覺到「弘法大師」之於臺北天后宮、湯守觀音之於普濟寺、石佛之於臺北的珍貴價值。

宗教學家于君方教授在《觀音——菩薩中國化的演變》指出：「解開一種造像在不同讀者心中產生的豐富而複雜的聯想，而不是賦予單一整體的含義，或將其侷限於某一群人。了解這些信眾對觀音的各種理解與期望，這麼做有意義多了。」此番提醒，讓人頗為受用。「弘法大師」、湯守觀音與石佛，共同意義皆是日治時期日人在臺供奉的佛教諸神，具有日本信仰文化特徵，戰後留在臺灣，卻產生不同際遇。我在書中探討方式是先掌握神祇外在的具象，進而探究內涵的轉變。

神像是寺廟最重要的存在，具象的日本諸神仍在臺受到供奉，例如「弘法大師」、湯守觀音及臺北新四國八十八所靈場石佛。祂們的供奉所在、祭拜方式與信徒族群皆與過去不同，神祇的內涵是否產生轉變？要如何探討不同民族看待同一神像的問題，並加入時空改變因素？李豐楙教授在《從聖教到道教：馬華社會的節俗、信仰與文化》分析馬來西亞的華人社會信仰，提出臺灣經驗做比較：「信仰常銘刻著時間、空間的標誌，從初期或有些差異，其後因何形成一致性：即信仰的標準化。」藉此來看臺北的「弘法大師」、湯守觀音與石佛，跨越百年時間，歷經信眾的改變、神聖空間的差異，加上本土與外來信仰的磨合，相信也能找出銘刻的「信仰標準化」。

關於神話及其文化象徵，印度裔美國漢學家杜贊奇（Prasenjit Duara）在〈刻劃標誌：中國戰神關帝的神話〉以關公變關帝、戰神變財神的關羽信仰為例，提出論點：「文化象徵即使在自身發生變化時，也會在某一層次上隨著社會群體和利益的變化保持連續性，這種特定的標誌演進的形式稱之為『刻劃標誌』。」相較於中國千年以上的關帝神話發展，臺灣「弘法大師」、湯守觀音與石佛信仰僅百年，但所處環境歷經重大轉折，刻劃的新神話值得關注。

書中闡述時空主要落在日治時期的日本佛教在臺展開布教。對於日治時期臺灣佛教史的研究成果，江燦騰與闞正宗教授相關著作甚多，有助釐清大時代下的臺灣佛教整體脈絡。闞正宗教授〈司公與乩童——日本「皇民化運動」下道士的佛教化〉一文，可窺見日本政權如何企圖「改造」臺灣道教與民間信仰，以政治力介入臺灣宗教信仰的大環境背景。對比之下，日本諸神在戰後受到新政權與民間何種對待，有許多值得玩味的變化。

日本佛教在臺的足跡甚多，但書中主要範圍定於臺北，第一個理由是各宗派的布教監督所都設立於臺北，掌握在臺灣開教使的指揮監督權。以真言宗為例，明治四十三年（一九一〇）在西門町建立的弘法寺，即是真言宗臺灣總本山兼臺灣開教監督所。第二個理由是，臺北是近代全臺建設最多的城市，日治時期是政權中心臺灣總督府的所在，戰後仍是首都。因此聚焦臺北，最具指標，且能瞻望全臺。

在臺的日本諸神不只「弘法大師」、湯守觀音及臺北新四國八十八所靈場石佛，書中以此三者做主要探討，原因在具有代表性，臺北天后宮與「弘法大師」，是臺灣民間信仰與日本佛教相關聯的象徵；北投普濟寺與湯守觀音，見證了臺灣佛教與日本佛教的聯繫；臺北新四國八十八所靈場石佛群的改造，可說明臺灣民間對信仰的創意。

而且，臺北天后宮與北投普濟寺具有積極性，近年亟欲為寺廟建檔留史，邀請專家或自行編輯文獻、出版廟志，尤其普濟寺新作不斷。寺方的積極態度，使得資料逐漸齊全並得以向大眾公開，我在撰寫時也相當受用。

最重要的是具有反差性。「弘法大師」被供奉在媽祖廟，湯守觀音從熱烈開光到隱藏寺中，石佛先遭丟棄後被珍惜供奉的命運翻轉，三者都有戲劇化的轉折，反差強烈，吸引我想一探究竟。

為提供更多例子，書中第5章〈在臺的日本佛寺大觀園〉短文介紹臺北其他日本人佛寺。此外，日本佛教的足跡遍布臺灣南北各地，遠及離島澎湖，更隨著日本移民腳步到東臺灣，例如花蓮吉安慶修院，原是真言宗吉野布教所，近年成為景點而廣為人知，亦在本章述之。

最後要提出的是，現今探究臺灣信仰與日本佛教的關係，並非出於崇日媚日，而是理解真相。以臺日間過去的「被殖民者與殖民者」兩種視角，探討當時日本佛教對臺灣的影響，如何演變成今日臺灣的信仰現象。正值社會開放、言論自由，加上進入資訊時代，臺灣總督府公文數位化、古籍文獻開放應用，塵封許久的資料陸續公開。期待從弘法寺出發，重新走訪日治時期臺北朝聖之路，為這段歷史重新定位，補充臺灣宗教史較陌生的一頁，不僅是闡述歷史，也是了解臺灣宗教現象的途徑。

第 1 章

臺北天后宮與弘法大師

「我去西門町媽祖廟唸書啦！」國中時期，常跟同學相約臺北天后宮樓上的圖書館，那個年代提供空調的公共場所還不普遍，天后宮早已有冷氣設備讓學生涼涼爽爽的讀書寫功課，當然唸書不是真正目的，最大好處是冠冕堂皇的就近在西門町玩耍。

當時臺北天后宮讓我流連的特色——位在西門町、有現代空調設備，其實這就是此宮廟隱藏的謎題，為什麼座落於西門町？又為何是商業大樓？

我更大的疑惑是側殿裡那一尊神像「弘法大師」[1]。中學生的我約略認識媽祖是臺灣民間重要信仰的神祇，但「弘法大師」為歷史課本上的唐代日本留學僧空海（七七四～八三五），是日本佛教高僧，真言宗開創者，兩者既不同國度，也不同宗教，說起來是兩道平行線，為什麼會在西門町產生交集？為什麼空海會來到媽祖廟裡受臺灣人供奉？

多年之後，我在日本採訪與旅行中已看過無數的「弘法大師」，再回頭拜訪西門町裡初識的祂，雖然我內心認為祂早已將異鄉當故鄉，成為西門町一份子了，但無論如何還是想解開祂的身世之謎。

這一切，要從臺北天后宮的前世今生講起，在此循序漸進，我將先介紹弘法

註　1 弘法大師為真實人物，受崇拜為神祇，故此加入引號稱之。

寺、新興宮及演變為臺北天后宮的複雜歷史；釐清來龍去脈之後，再進入我最想探討的「弘法大師」如何重現於臺北天后宮——祂託夢給臺北天后宮主事者，重新獲得供奉，過程如戲劇般的曲折。最後介紹媽祖廟裡供奉日本佛教神祇，成為臺北天后宮一大特色，引發了臺日間跨國度與跨信仰的「交陪」，進而見證了臺灣民間信仰對其他宗教的包容態度。

臺北天后宮「弘法大師」。（王曉鈴攝）

天后宮主祀哪一尊神祇？

天后宮主祀媽祖，本名林默娘，生卒於北宋年間（約九六〇～九八七），福建省莆田縣湄洲嶼人，具有神通，經常搭救漁民。二十八歲得道昇天，後顯靈海上救難，隨著官方褒封與民間傳布，成為沿海地區神祇，清雍正封為「天后」。漢人移民來臺，媽祖信仰隨之流傳，從海上守護神拓展為全方位神祇，被稱為臺灣第一女神。臺灣各地媽祖廟，常以「天后宮」為名。

第一節　從弘法寺到天后宮

弘法寺的創建

甲午戰爭（一八九四～一八九五）後，明治二十八年（一八九五）中日雙方簽訂馬關條約，臺灣澎湖成為日本殖民地，日本佛教緊接入臺。在長達半世紀的日治時期（一八九五～一九四五），從日本傳到臺灣的佛教宗派並非循著同模式，有的是從軍僧，包括淨土真宗本願寺派、真宗大谷派、曹洞宗、真言宗、淨土宗、日蓮宗等隨日軍來臺，為最早來臺的日本佛教宗派。亦有宗派是僧侶個人來臺，如臨濟宗妙心寺派。

日本政權前腳來臺，佛教宗派後腳緊跟，可能是因為在甲午戰爭有經驗。從甲午戰爭開始，日本從軍僧[2]已於中國展開序幕，戰後立即投入臺灣，真言宗就是其一，明治二十九年（一八九六）付諸行動來臺開教[3]，最早踏上臺灣土地的是椋本龍海（一八六九～一九五〇）等人。

註 2 從軍僧即從軍布教師，其任務在於協助軍方、傳達政府旨意，並給予從軍者精神上的安慰、看護傷兵及處理葬儀。

3 開教即為布教，意指開拓教田，教化移往荒蕪地之開拓者。

同年，真言宗八個本山聯合組成的「各派聯合法務所」總裁委令小山祐全（一八六八～一九二七）來臺做開教視察，同時試行布教。小山祐全可以說是真言宗正式來臺開教者。

根據日治時期江木生的調查（一九三七），各宗派在臺灣的布教監督所都設在臺北，監督所內的布教監督，負責指揮全臺的開教事宜（江木生〈内地仏教の臺湾伝来と其現勢〉）。真言宗也不例外，小山祐全先以艋舺黃氏家廟為布教所，明治三十年（一八九七）春移往大稻埕建成街瞿公廟。

小山祐全將布教主力放在臺北，明治三十二年（一八九九）七月，於艋舺新起街設立布教所。明治三十八年（一九〇五）二月，擔任臺北布教場主任，同年十一月增建佛殿舉行遷佛式法會。明治四十一年（一九〇八）六月再度遷移，並建立「弘法寺」。

據明治四十三年（一九一〇）臺灣總督府檔案公文〈核准真言宗新高野山弘法寺建立〉一案，小山祐全等人申請創立寺院，其寺號及宗門為「真言宗（高野派總本山金剛峯寺分寺）新高野山弘法寺」，山號「新高野山」，為紀州高野山的本末寺寺院[4]。也是真言宗臺灣總本山兼臺灣開教監督所，地址為「臺北廳大加蚋堡

註 4 日本江戶時代（一六〇三～一八六七）制度，本山對末寺具支使權力。

艋舺新起橫街一丁目二番地」，臺灣第一座密教寺院就此建立，並經營臺北護國十善會寄宿所及住宿處，是臺灣所有佛教宗派中最早的社會事業設施。

〈核准真言宗新高野山弘法寺建立〉一案中的檔案公文〈有關真言宗新高野山弘法寺小山祐全申請入佛儀式完畢通知〉，記錄了弘法寺於明治四十三年（一九一〇）六月二十一日開始啟用，舉行入佛式。內容如下：

有關真言宗新高野山弘法寺小山祐全申請入佛儀式完畢如左記一節，特此通知，敬請　備查。

艋舺黃氏家廟「種德堂」。（王曉鈴攝）

弘法寺。（取自《全臺寺院齋堂名蹟寶鑑》，國清寫真館，1932，國立臺灣圖書館藏）

弘法寺護國十善會。（取自《臺灣風景寫真帖》，山川朝章，1925，國立臺灣圖書館藏）

明治四十三年九月十五日

臺北廳長井村大吉印

謹致

民政長官內田嘉吉

記

一　入佛儀式完畢年月日

明治四十三年六月二十一日

二　財產目錄

佛像　弘法大師木像一尊

佛像　觀世音菩薩木像一尊

佛像　不動明王木像一尊

佛像　歡喜天木像一尊

經卷　諸經要集二部

佛具　護摩壇一座

佛具　黃銅製、宣德製五具足二套

佛具　磬子二個

佛具　半鐘一個

佛具　口一個

用地　六百一十三坪二合六勺

本堂　六十七坪三合二勺

庫裡　五十三坪三合五勺

附屬家屋　十八坪三合三勺

三　信徒數　七百五十二名

四　住持之本籍地、現住所、族稱、姓名、年齡及宗教上之資格目前住持之任命正向本山秉請中，爰將另行提出申報。

以上。

從這份公文可得知，弘法寺財產目錄中有四尊佛，「弘法大師」列在首位，為主祀神像。建立之初，用地共六百一十三坪二合六勺，面積相當於二〇二六平方公尺，信徒七五二名。

公文附有三張圖，分別為〈弘法寺境內建物配置圖〉、〈弘法寺之圖〉、〈弘法寺本堂側面之圖〉，包括境內、本堂、庫裡、走廊。真言宗為密教，寺院須有加持祈禱等秘密儀式之修行場所，從配置圖可看出弘法寺本堂平面呈方形，以柱列分隔出供奉本尊與修行之「內陣」，及讓信徒禮佛之「外陣」兩個空間，正是密教本堂形式，日治時期同為真言宗創建的花蓮慶修院，現存的本堂基本上屬於同形式（王惠君《日治時期日本真言宗與淨土宗在台興建佛寺之背景與建築特色研究》），可以藉此遙想當年弘法寺本堂原貌。

弘法寺。（取自《臺北寫真帖》，成田武司，1911，國立臺灣圖書館藏）

花蓮慶修院本堂。（王曉鈴攝）

由於日本佛教各宗派傳入，臺灣各城市精華地帶曾遍布日本寺院，江燦騰教授指出，當時的寺院主要供日本佛教活動，但透過在地組織的運用或佛教學習課程，及參與臺灣寺院或布教的各類佛教活動，可讓臺僧與信徒見識到日本佛教現代化的布教風貌，及日本佛寺建築之美。可惜戰後日本勢力撤出臺灣，原日本寺院及相關產業大多遭到國民政府以「敵產」名義沒收或占有，典雅的寺院面目全非或完全消失（江燦騰《認識臺灣本土佛教：解嚴以來的轉型與多元新貌》），弘法寺即是一例。

政權轉移後，弘法寺命運多舛，很快就被接收，改成新興宮，亦即今日臺北天后宮。要了解事件始末，須先跳躍時空到清治時期了解一下新興宮。

新興宮的消失

清乾隆初年，漢人入墾臺北盆地者漸多，移民帶來家鄉的媽祖信仰，艋舺新興宮便在這樣的背景下興建。

兩百多年前一艘貿易船開到艋舺，船主照例將船上媽祖請到陸上祭祀，準備回程時，船主想要將媽祖迎回船上起帆，卻事事不如意，經請示後，得知媽祖有意留下，只好再度將神像請上岸，一行人才順利離開。艋舺行船業者出錢出力，在新興區蕃薯市街[5]入口處建廟供奉媽祖，名為新興宮。

據同治九年（一八七〇）纂修的《淡水廳志》記載：「天后宮……一在艋舺街，舊屬渡頭，乾隆十一年建。嘉慶十八年，火災，道光九年修。」依此推測，新興宮亦稱天后宮，位於艋舺渡頭，創建年代為乾隆十一年（一七四六）。

即使有人質疑新興宮創建年代，但透過臺北天后宮現存一口大陸無錫鑄造的鐘，上頭雕鑄「艋舺新興宮」與「乾隆壬子年潤四月吉旦」、「無錫良冶許四房元和造」等文字，顯示最晚在乾隆五十七年（一七九二）就已有新興宮存在。

新興宮天上聖母護國佑民符。（高傳棋提供）

註 5蕃薯市街是臺北市最古老的街道，後改稱歡慈市街，今日的貴陽街一段。

嘉慶十八年（一八一三），新興宮發生火災焚燬，緊接著進行重建，重建年代也有不同說法，《淡水廳志》記載為道光九年（一八二九），臺北天后宮管理委員會近年編撰的《閱讀臺北天后宮》則往前推到道光五年（一八二五）。無論重建於何年，新興宮依舊香火鼎盛，與龍山寺、清水巖祖師廟被合稱為「艋舺三大廟門」。

艋舺新興宮的榮景維持了一百多年，昭和十二年（一九三七）中日戰爭爆發，臺灣戰略地位益形重要，日本政府加緊推行皇民化運動與寺廟整理運動，廢止部分臺灣寺廟改奉祀日本神祇。昭和十八年（一九四三），日本政府以開闢防空道路為由拓寬馬路（今西園路），強制拆除新興宮，信徒無奈之下只好將媽祖像及神器暫安奉於龍山寺後殿。

被拆得不留痕跡的新興宮，現今已難辨識出原址，即使在艋舺長大的我，也不太肯定確切位置，透過貴陽街老藥舖一九三六年次的林老闆指點，還原了新興宮當時位置，他不假思索地就畫出地圖，我才確定它其實是座落於今西園路的馬路上，廟門面對著貴陽街。

新興宮距離青山宮不過寸步，與龍山寺、艋舺清水巖祖師廟也相距不遠。今日青山宮及祖師廟同為臺北市定古蹟，龍山寺為國家二級古蹟，假使新興宮猶存，想必能與上述三座艋舺知名廟宇一樣香客如織。可惜原址沒有任何紀錄，有關單位若能就地設立解說碑文，讓今人知悉新興宮，有助於讓這段歷史更加為人所知。

那麼，為什麼新興宮非拆不可？因為它不像其他寺廟與日本佛教宗派簽訂本末寺約嗎？

首先要了解，新興宮與日本佛教的關係，並非於戰後進駐西門町弘法寺才發生。早在明治二十九年（一八九六），日本佛教宗派之一的曹洞宗於新興宮設立「曹洞宗立日本語學校」，隔年四月轉移至龍山寺。明治三十年（一八九七），曹洞宗布教師佐佐木珍龍（一八六五～一九三四）又在新興宮開設慈惠醫院，是日本佛教宗派在臺灣首先成立的醫療救濟事業。

依上述可知，新興宮與日本佛教宗派接觸甚早，甚至稱得上是曹洞宗在臺灣的醫療與教育事業之起點。

時值佐佐木珍龍積極與臺灣本土寺廟結盟，吸收成為下院以擴大曹洞宗勢力，龍山寺與祖師廟皆在明治二十九年（一八九六）與曹洞宗簽訂本末寺約，新興宮卻始終未與曹洞宗簽訂本末寺約，箇中原因並不清楚。雖然新興宮沒有與曹洞宗簽訂

臺北市貴陽路與西園路口的新興宮舊址。（王曉鈴攝）

拆除前的艋舺新興宮。（高傳棋提供）

本末寺約，但是慈惠醫院設置簽約時，代表新興宮的簽約人是日籍院長森拳石，或許表示當時的新興宮屬於被占領狀態（闞正宗〈日本殖民時期龍山寺管理型態與日僧的活動，一八九五～一九〇一〉）。在這種情況下，是否導致新興宮日後遭到被日本政府拆除的命運呢？前因後果猶待商榷。

弘法寺走入歷史

　　此一時，彼一時也。隨著時代巨變，二戰過後，新興宮翻轉命運，敗部復活重現生機，弘法寺反而走入歷史。

　　民國三十四年（一九四五）日本戰敗，翌年日僧被遣返離臺。根據臺北天后宮的記述，民國三十五年（一九四六）二月，日僧吉川法城將弘法寺暨寺產交給其臺籍子弟宗坦（俗名陳火炎）管理。弘法寺隨後改名「慈光禪寺」。

　　以上幾句簡短的描述事件，然而從弘法寺原所有者，也就是來臺布教的真言宗立場來看，放下半世紀在臺耕耘的

龍山寺在日治時期曾與曹洞宗結盟。（王曉鈴攝）

一切，想必有許多不捨。現今閱讀昭和五十年（一九七五）《高野山時報》刊登的〈舊臺灣高野山別院本尊弘法大師尊像開眼慶讚文〉，內容回顧這段往事，上頭是這麼寫的：「第二次大戰結束後，當時的開教監督吉川法城只得放棄（臺灣的）一切，含淚回祖山……。」同時割捨下的還有銅製修行大師、石佛六尊、開山小山祐全師墓石等，文中道出全數都放下、不得不離開的遺憾，吐露了文史資料中看不到的情緒。

新興宮重現西門町

戰後，日本政權離開臺灣，民間信仰與道教重新蓬勃發展，艋舺新興宮媽祖信徒冀望找到適合的廟宇，好為寄放於龍山寺後殿的媽祖像進行遷廟，最後媽祖遷入弘法寺。闞正宗教授對此事的來龍去脈做過研究，發現原由有二種說法：

其一，艋舺新興宮信徒在戰後即利用弘法寺正殿改造為媽祖廟。民國三十五年（一九四六）日僧攜缽歸國，由臺北市政府教育局接管，在新興宮信徒極力爭取下，接管弘法寺並改名為「臺灣省天后宮」。

另一說法，民國三十七年（一九四八）臺北市政府教育局長黃啟瑞為使媽祖有所奉祀，提出位於西寧南路的法華寺與成都路的弘法寺供選擇。新興宮信徒認為法華寺坐西朝東，與原來新興宮之坐北朝南不同，因此選擇同樣坐北朝南的弘法寺為新廟址，於同年（一九四八）農曆六月一日迎請媽祖入廟。

究竟何者為真相？闞教授認為以第二種說法較接近真實，而且「其中還有不為人知的秘密」。

民國三十五年（一九四六）年二月，弘法寺住持吉川法城將寺院暨寺產交給臺籍子弟陳火炎管理。但教育局長黃啟瑞以「管理不善」之由，撤銷陳火炎的管理人資格，轉租給新興宮。翌年，中國佛教會臺灣省分會對慈光禪寺（原弘法寺）寺產被分割轉移至非佛教單位發出陳情信函，訴求重點是寺院為本省同胞所捐資，非日僧私產。但經行政訴訟判決裁定黃啟瑞勝訴。戰後，處理日產歸屬的關鍵在地方政府的手上。當政府利益高於佛教利益時，寺產只能以「敵產」被處理（闞正宗〈真言宗弘法寺與臺北天后宮：《閱讀臺北天后宮》內容的商榷〉）。

原為佛教寺院的弘法寺，在戰後日本人離開之後，改由宮廟進駐。雖然維持日本佛寺外觀繼續使用，但實際用途已非佛寺。

臺北天后宮的時代

民國三十七年（一九四八），新興宮信徒歡天喜地的到龍山寺後殿接出媽祖，迎請到西門町，將原弘法寺改為新興宮，此時建築尚為日本寺院，僅將本堂改為媽祖的祠祀。

那是什麼樣的場景呢？可惜沒看過舊照片流傳下來。在我的想像中，這段時期的新興宮外觀是一座極具密教特色的日式佛寺，媽祖信徒進進出出，他們向安座在本堂內部日式佛龕的媽祖拜拜。如此宗教融合的特殊場景，可聯想土耳其伊斯坦堡的聖索菲亞大教堂，西元一四五三年被鄂圖曼土耳其帝國征服後改為清真寺，至今可見基督宗教的宗教藝術及阿拉伯文的瑰麗牌樓並存，人們都說，歷史上誓不兩立的宗教，神奇地和平共處在聖索菲亞這棟建築裡。

伊斯坦堡聖索菲亞博物館。（王曉鈴攝）

可惜的是，這座「日本佛寺裡的媽祖廟」只維持了五年（一九四八～一九五四）。

民國四十一年（一九五二）八月，新興宮信徒以擲筊方式獲得媽祖的同意，改名「臺灣省天后宮」，此時仍維持日本佛寺模樣；翌年，廟後方的國際大舞廳火災，臺灣省天后宮遭波及焚毀，原弘法寺建築就此消失殆盡。

因廟方經費不足，一時無法重建臺灣省天后宮，在民國四十八年（一九五九）配合媽祖一千年聖誕紀念，信徒捐錢出力重建正殿，其餘的建築陸續興建，終於形成現今面貌。

民國五十六年（一九六七）臺北市改制為院轄市，臺灣省天后宮又一次改名，改稱「臺北天后宮」，地址為臺北市萬華區成都路51號。雖冠上臺北之名，在地人還是習慣以「西門町媽祖廟」或「西門町天后宮」暱稱之，感覺更為親切。

說到這裡，可以思考一下，假如要提出臺北天后宮的前身是哪一座寺廟，應該是艋舺新興宮？還是弘法寺呢？

一般說法，臺北天后宮的前身是艋舺新興宮，但兩者都該是前身。對媽祖信徒來說，曾經存在於艋舺的新興宮，是情感上的故鄉，媽祖已遷到西門町現址，因此艋舺新興宮是臺北天后宮歷史上的前身。而弘法寺的原址為現在的臺北天后宮，是現實的空間，可以說，弘法寺就是臺北天后宮地理上的前身。

新興宮媽祖經歷了宮廟拆除遷移又火災重建，算一算共有三次巨變：最早供奉在漢人傳統宮廟（約一七四六～一九四三），後暫居龍山寺後殿（一九四三～一九四八），遷進日本佛寺五年時間（一九四八～一九五三），重建的宮廟是擁有現代商店門面的建築（一九五九至今）。新興宮媽祖這些年來不斷的變遷，完全對應了臺灣人從清治、日治到戰後的生命軌道。在大時代下，神祇與人們被推動的際遇居然如此雷同。

艋舺的新興宮舊址、西門町的臺北天后宮，都離我家不遠，我分別從兩位在地耆老口中聽到他們對於「同一尊媽祖，不同的拜拜所在」的看法。

經常到臺北天后宮裡拜拜的黃先生（一九三七年次），家族在艋舺新興宮時代就是信徒，與歷代主任委員是親戚關係，對昭和十八年（一九四三）被拆除前的新興宮還有些許記憶，「我小時候常常跟阿公去艋舺新興宮，阿公很喜歡去新興宮，我記得廟很小間，裡面很深，我會去聽人家講勸善的故事。」黃先生對於西門町弘法寺也有些許印象，「弘法寺是日本廟，那時我在附近的武昌街唸幼稚園，有時會走過。是什麼模樣？就跟電視上演的那種日本廟一樣。」

另一位受訪者是幫我畫出艋舺新興宮原址的藥舖林老闆（一九三五年次），他自小與新興宮為鄰，聽說我要找他的老鄰居，興沖沖的敘說回憶：「小時候經常到新興宮拜媽祖，廟被日本人拆去後，媽祖給請到龍山寺，光復後再請到西門町一間日本廟。」「現在到西門町假如有經過廟，我會進去拜拜……。那是小時候就在拜的媽祖。」對於搬去西門町之後的媽祖廟，他記得不多，但對九歲那年搬離的媽祖有感情。

除了憶及新興宮，兩名分別受訪的老先生提到同一件事——媽祖搬到弘法寺那段時間，當時很少去，強調那是「日本人的廟」，對媽祖遷進原弘法寺

臺北天后宮牆上的弘法寺舊照。（王曉鈴攝）

那五年的模樣，沒有留下印象。這或許意味著媽祖信徒在戰後之初，對於走進日本佛寺，留有疑慮或其他因素。

有一個可能是，弘法寺主要信徒為在臺日人，未曾真正融入臺灣人的信仰生活，使得臺人對這個拜拜場所感到陌生而卻步。松金公正以臺灣總督官房調查課各年度的《臺灣總督府統計書》研究發現，真言宗高野派領台當初擁有許多本島人（臺灣人）信徒，明治三十七年（一九〇四）左右就減少了。後來只有少數本島人信徒存在，幾乎是以內地人（日本人）為中心。直到昭和八、九年（一九三三、一九三四）以後，本島人信徒才再增加（松金公正〈日據時期日本佛教之臺灣布教——以寺院數及信徒人數的演變為考察中心〉）。

如今的臺北天后宮座落於西門町商業建築群中，外觀是一般大樓門面，走進去才得見宮廟建築，但這個神聖空間最初不是如此狹小窘迫。

明治四十三年（一九一〇）弘法寺落成時，財產目錄「用地六百一十三坪二合六勺」，包含「本堂六十七坪三合二勺、庫裡五十三坪三合五勺、附屬家屋十八坪三合三勺」。用地面積經換算約為二〇二六平方公尺，等於有五個標準籃球場加起來那麼大，頗具規模。而現今的臺北天后宮僅有九二二平方公尺，比起日治時期的

今日臺北天后宮內部。（王曉鈴攝）

位於西門町的臺北天后宮。（王曉鈴攝）

弘法寺，僅剩下不到一半面積。

臺北天后宮面積流失如此之多，據廟方出版書籍指出，原因不外乎自民國四十八年（一九五九）地政機關分割出7-1至7-11地號土地，國有財產局陸續分割並出售土地。而且每當地價上漲之際，政府即分割出售廟宇土地，結果使得宮廟空間不足，內部空間配置擁擠，廟埕完全喪失（王世燁等編著《臺北天后宮的歷史》）。

經過種種曲折，現今的臺北天后宮沒留下弘法寺建築，失去當年宏偉規模。弘法寺之名與其寺院樣貌，在臺北人的記憶中抹去。

第二節　再現弘法大師

弘法大師託夢

以充滿戲劇化的方式，「弘法大師」與天后媽祖在臺北西門町相遇。

今日的臺北天后宮外觀為四層樓建築，由於西門町寸土寸金，每一分地都很難得，該廟常被媒體冠上臺灣地價最貴廟宇的名號。然而只要走入成都路的騎樓，鑽進廟內，初次前來的人會訝異著別有洞天，與流行商圈形象反差極大。

這廟靜靜的展示了許多古物，小小的中庭裡，龍柱、石獅、龍虎堵是從艋舺新興宮搬來的清代古物，石佛群、銅製修行大師立像及刻有「南無大師遍照金剛」的新高野山弘法寺銅鐘為日本弘法寺所留，猶如微觀的一部臺灣近代史。最特別的是，左側殿供奉的「弘法大師」像，是一尊不存在於其他臺灣宮廟裡的神祇。

「弘法大師」是原供奉於弘法寺的主尊，當新興宮遷入時，媽祖信徒將「弘法大師」與其他弘法寺之物收藏於倉庫。萬萬沒想到，這一舉動無意間保全了「弘法

❶銅製修行大師立像。（王曉鈴攝）
❷日治時期留下的石佛群。（王曉鈴攝）
❸臺北天后宮內有不少新興宮時代的清代古物。（王曉鈴攝）
❹臺北天后宮沿革誌與銅製修行大師立像。（王曉鈴攝）

大師」，逃過民國四十二年（一九五三）祝融之殃。

既然收起，為何又重新供奉？說來不可思議，這改變源自一場夢。雖然過去約略聽說，但從總幹事吳教道處詳聞經過，依舊嘖嘖稱奇。

「好多年以前，頭人黃慶餘生了一場病，病中兩度夢見『弘法大師』跟他說：『不想再被關起來』。頭人在床上躺了兩三天，能下床後，馬上跟另兩名頭人唐春恩（時任西門里里長）、林福禮（前頭人林味之子，曾任副主委）商量，請出收藏已久的『弘法大師』，加以修復、建側殿，才這樣重新供奉起來。」[6]

現今走進臺北天后宮，左側「弘法大師殿」門楣上落款「戊申年端月」，亦即民國五十七年（一九六八）農曆正月落成，廟方於該年重新供奉「弘法大師」。雖然吳總幹事不確定託夢發生的年份，但大致可知應是在前一年（一九六七）託的夢。

右側「福德正神殿」門楣上寫「戊申年孟春」，孟春與瑞月同為農曆正月，這表示臺北天后宮決定供奉「弘法大師」之後，為了廟身左右對稱平衡，同時供奉福德正神。

從「弘法大師」的立場來說，祂的寺院在民國三十七年（一九四八）變成新

註 6 總幹事吳教道自一九八〇年代到廟裡任職，「弘法大師」託夢一事，是黃慶餘與老信徒向他透露。

興宮，被「關起來」收藏於倉庫，直到民國五十七年（一九六八）重新受到供奉為止，算一算，「弘法大師」在自己的原寺院整整消失了二十個年頭。等到祂重新受供奉時，身分已從主祀變為陪祀。

弘法大師行狀繪卷

臺北天后宮保存的弘法寺文物中，有一組特別的《弘法大師行狀曼陀羅》繪卷，為臺灣難得一見的日治時期繪卷，它是歷史文物、宗教藝術，也具有日本佛教在臺布教的意涵。

何謂「行狀」、「繪卷」？什麼又是「曼陀羅」？我想先從名稱來說明此繪卷的意義。

佛家所謂「行狀」，原指記述人一生行誼之文字。查閱《大正新修大藏經》，單是在第五十冊就找到唐代冥詳〈大唐故三藏玄奘法師行狀〉、李華〈玄宗朝翻經三藏善無畏贈鴻臚卿行狀〉、趙遷〈大唐故大德贈司空大辨正廣智不空三藏行狀〉、作者佚名〈大唐青龍寺三朝供奉大德行狀〉等，這些行狀內容全是文字。

行狀傳到日本，演變成文字與繪畫配合之卷本，稱為「繪卷」，為日本佛教美術用語，題材多與佛教有關，基本上依照事件或傳說發生時間的先後，以連續圖畫作成，高僧傳記、寺廟緣起皆可畫成繪卷。

展示在臺北天后宮牆上的《弘法大師行狀曼陀羅》繪卷，即是弘法大師的高僧傳記繪卷版，依時間序呈現弘法大師的生平傳奇。說是行狀，其實文字不多，僅有編號與主題，讓觀者自行望圖解意。

弘法大師行狀繪傳其來有自，流行於鎌倉時代（一一九二～一三三三）之後，又稱高野大師行狀繪傳。在弘法大師出生地讚岐國——今四國香川縣善通寺裡，也展示一組類似的《弘法大師行狀繪傳》。

這種繪卷稱「曼陀羅」（梵文，mandala），但與一般認知的密教曼陀羅樣式不相同。

民俗學專家林承緯教授針對這幅曼陀羅著有專文，指出曼陀羅原為密教系統專屬的宗教表現，在日本詮釋得更廣泛，只要是表現綜合世界或特殊宗教主題的繪畫皆稱曼陀羅。他認為《弘法大師行狀曼陀羅》是臺灣罕見且深具代表性的日治佛教繪畫，對探究日本佛教在臺的布教發展，及信仰與周邊文化互動上有特殊意義。（林承緯《宗教造型與民俗傳承——日治時期在臺日人的庶民信仰世界》）

這幅繪卷如今懸掛在臺北天后宮正殿左側牆上，一式四卷的繪卷呈現了四十三個主題，依序描繪弘法大師從託胎誕生、出家學法、入唐傳承密教、弘法，到入定留身的傳說與事蹟，觀者可以猶如閱讀連環漫畫般，從視覺圖像解讀弘法大師即身成佛之道。

臺北天后宮展示「弘法大師」種種弘揚佛法的事蹟，說起來，等於「分享」媽祖的神聖空間，傳達此繪卷欲宣揚的大師信仰與布教意念，具有宗教感的意義。

臺北天后宮《弘法大師行狀曼陀羅》繪卷。（王曉鈴攝）

《弘法大師行狀曼陀羅》繪卷局部。（王曉鈴攝）

第三節　臺北天后宮與日本的交流

弘法大師開眼

「臺北西門町竟然供奉著『弘法大師』！」當這消息傳到日本高野山真言宗時，應該感到相當意外吧，畢竟戰後的弘法寺已非弘法寺，更何況寺院建築已遭焚毀。經過百轉千折，「弘法大師」重新在原地受到供奉，他們的讚嘆在〈舊臺灣高野山別院本尊弘法大師尊像開眼慶讚文〉（一九七五）寫得很清楚：

「可見祖師（弘法大師）的靈力不可思議。」

「弘法大師」於民國五十七年（一九六八）在臺北天后宮受到供奉，七年後，得知訊息的高野山真言宗，重返弘法寺舊址。

民國六十四年（一九七五）九月三十日，高野山真言宗宗務總長權大僧正近藤本昇，率僧團來到臺北天后宮，為修復後的「弘法大師」尊像進行開眼供養，亦即重新開光。所謂的開眼供養，為開佛眼目時所行的儀式。新佛像完成後，必須為安置於佛堂的佛像舉行開眼儀式。經此儀式，佛像之神聖性乃被人接受。

「弘法大師」再開眼，此時距離民國三十五年（一九四六）日僧含淚離臺的時刻，已將近三十年。

在這一刻，能在臺灣、在媽祖廟裡為「弘法大師」開眼，高野山真言宗僧團感概萬千，開眼慶讚文如此寫道：

「菩薩慈悲與愛無國境，對於中華民國在宗教的大度量表示甚深的謝意，並讀誦《般若理趣》願天后宮昌隆。」

在天后宮裡，媽祖信徒可能對《般若理趣》感到陌生，高野山真言宗宗務總長為何特別提及？何謂《般若理趣》？在此插個話說明之。

依《佛光電子大辭典》解釋，《般若理趣經》全名《大樂金剛不空真實三摩耶經．般若波羅密多理趣品》，簡稱《理趣經》，不空譯，梵名Prajñā-pāramitā-naya-śatapañcāśatikā，全一卷，收於《大正藏》第八冊，為日本真言宗重要經典。經名中的「大樂金剛不空」一詞，為金剛薩埵之異名，表示薩埵自證的大樂化他之大喜猶如金剛之堅固無間斷；「三摩耶」為本誓之義。

此經為智法身大日如來為金剛薩埵所宣說的般若理趣清淨之理，與金剛薩埵所說真實不妄之本誓，揭示日常生活中建立佛國淨土之要法，均屬密教即身成佛之極意。凡真言宗寺院、行者與信眾每日早課必誦《般若理趣經》。

可以想見，弘法寺早課時間一定出現僧侶與信徒誦讀《般若理趣經》的畫面，在日治時期一九一〇年二月十九日《臺灣日日新報》報載中也記載：

「……目前弘法寺為紀州高野山的末寺格（寺院），號新高野山，信徒七百餘名，十善會員二百二十名，重要的信徒有岡田敬五郎、服部甲子造、中村啟次郎等。每早勤修本尊供，並誦讀《理趣經》及諸陀羅尼等。」

時隔三十年，當「弘法大師」接受開眼儀式，並再度聽到許久未聞的《般若理趣經》，對「弘法大師」而言意義為何？

人類學者林瑋嬪教授在探討漢人神

臺北天后宮牆面照片，廟方人員與日本、臺灣僧侶合影。（王曉鈴攝）

像之「力」時，提到英國學者Alfred Gell在「Art and Agency: An Anthropolog-ical Theory.」對印度神像「力」的解讀：從內在及外在兩個面向來解讀印度神像的「力」（agency），內在涉及一個原本無生命的偶像如何在聖化禮中被賦與人形與靈魂的方式，外在則是此一具有人形的神像在聖化禮被活化之後，進一步融入了人類的社會網絡，成為一個社會的行動者（social agent）。（林瑋嬪〈臺灣漢人的神像：談神如何具象〉）

這「借力」的說法，套用在「弘法大師」身上，可以解讀為：透過香火供奉與開眼法會，「弘法大師」重新取得靈力，再度與原弘法寺所要庇佑的人與地域產生連結，再度成為守護西門町，乃至於臺北、臺灣的神祇。

不空是誰？

不空（七〇五～七七四），梵名AMOGHAVAJRA，又作不空金剛，為唐代譯經家，譯有《般若理趣經》等，密教付法第六祖。南印度師子國人，與鳩摩羅什、真諦、玄奘等並稱四大翻譯家，又與善無畏、金剛智並稱開元三大士。其嫡傳弟子之一惠果為真言付法第七祖，惠果日後傳法空海。

天后宮裡的佛教法會

日本真言宗僧團為西門町的「弘法大師」開眼之後，高野山金剛峯寺及東京別院於每年十一月前後，輪流派十至二十名日僧組成的僧團來臺北天后宮進行禮佛法會，法會進行約莫四十分鐘，亦有日本真言宗信徒隨行。這個時候發生了關於儀式空間的有趣現象。

由於弘法大師殿前方空間較小，難容納日本僧團，為方便法會進行，天后宮廟方在日僧進行法會前，事先將「弘法大師」移駕至正殿媽祖前，以方便僧團進行法會。

這種臺灣民間信仰的媽祖與日本佛教「弘法大師」前後排坐的景象，甚為特殊，可說是獨一無二。實因臺北天后宮與原弘法寺在大時代變遷下，所產生跨宗教、跨國界、跨語言的交會。

同樣在日治時期供奉「弘法大師」的花蓮縣吉安鄉慶修院，其前身為真言宗吉野布教所，雖然也經歷曲折，但始終是佛寺，目前「弘法大師」供奉在本堂，有足夠空間舉辦儀式，當日僧前來舉辦法會，慶修院不需要移動「弘法大師」，因此，不會如同臺北天后宮，出現移動「弘法大師」與媽祖同坐的狀況。

天后宮總幹事吳教道通日語，日本僧團每回來天后宮都由他聯絡與接待。吳總幹事透露，過去日本僧團每年在十一月左右前來，近年造訪週期較不固定，來臺前會事先通知他。「雖然現場準備時間很緊湊，不過日本僧團都會自己備好法會用品，不需要我們協助法會事宜。」

記性極好的吳總幹事細數歷年法會，最盛大的一次，是民國一〇五年（二〇一六）高野山開創一千兩百年。當年三月二日，誦經團

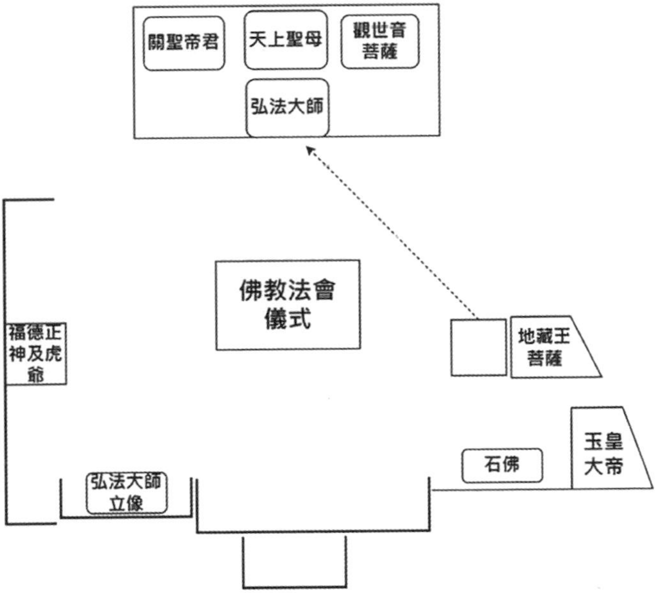

臺北天后宮移動「弘法大師」位置。（王曉鈴繪製）

一行人於臺北天后宮舉辦紀念大法會，法會成員除了日僧，臺灣真言宗僧眾也一同參與，並留下〈高野山舊臺灣別院弘法大師參拜開創一千二百年紀念大法會啟白之文〉，天后宮將之慎重裱裝懸掛於正殿左側牆上。

翌年三月，真言宗高野山高校組僧團來臺，現場十多名日本僧侶參與誦經。在儀式空間安排上，「弘法大師」依舊從側殿移到正殿神桌，坐在媽祖前方接受日本僧侶誦經。法會現場，領頭坐在正前方最靠近「弘法大師」的僧侶，右手執擲五鈷金剛鈴杵，時而結手印、時而搖鈴。桌上點燃白色日式蠟燭，並擺放各種真言宗法器。

有趣的是，當日本佛教法會進行的同時，現場不斷傳來擲筊杯至地面的清脆聲音，顯然是天后宮信徒正依照自己熟悉的拜拜模式，擲筊向媽祖請示。日本佛教與臺灣民間信仰的宗教神聖儀式，在此「一廟兩制，各自表述」，並不衝突。

民國一〇七年（二〇一八）三月十二日，為感謝臺灣在東日本大地震[7]災後的援助與捐款，同時為花蓮地震[8]復興祈願，廣島縣真言宗尾道真生會來臺舉辦法會，尾道真生會會長藤原博元念誦表白文〈臺北天后宮弘法大師寶前東日本大震災報恩並花蓮地震復興祈願法會願文〉。除了日僧、同行信徒外，亦有臺灣真言宗僧

註 7 二〇一一年三月十一日，日本東北地區地震引發大海嘯與福島核災，傷亡慘重。

8 二〇一八年二月六日，臺灣花蓮近海地震，花蓮市一棟飯店大樓倒塌，造成十七人罹難。）

眾參與。

臺北天后宮廟方也因供奉「弘法大師」，對祂感到好奇，大約在民國一〇二年（二〇一三），天后宮主委黃秀福（黃慶餘之子）帶領約三十名媽祖信眾到日本旅遊，特地安排到「弘法大師」故鄉，走訪四國遍路沿途寺院及和歌山縣高野山，好進一步認識這位供奉在媽祖廟裡的「日本神」。

移動的神祇

日僧法會的對象是「弘法大師」，只有在這時候，「弘法大師」像才會從側殿移到正殿神桌最前方，與日常的位置不同。臺北天后宮主祀的媽祖雖然沒有移動，但位置變成在「弘法大師」後方，在儀式現場主陪地位轉變，顯示媽祖並非這場儀式（亦即「禮物」）的首要接受者。

對於移動神祇這件事，在學術界的眼中極具意義。研究中國社會史的美國學者韓明士（Robert Hymes）舉出例子，當地人送「禮物」給民間信仰的神祇，為民間信仰的神祇舉行醮儀，卻請來道士建醮，他們的神祇變成三清的下屬，被移出當觀眾（韓明士著，皮慶生譯《道與庶道：宋代以來的道教、民間信仰和神靈模式》）。

同書中，韓明士舉出多位學者論述的例子：

「桑格瑞（桑高仁，S. Steven Sangren）認為：『醮儀的諸多儀節最突出的核心內容之一是神像在廟中位置的移動……。道教的先天諸神則占據著廟中神祇平常的位置（朝南），處於陽位，而廟中神祇則臨時挪到陰位。』按照王斯福（Stephan Feuchtwang）的看法：『通常處在中心的信仰對象被挪到代表社區祈求的位置，是純粹的宇宙等級的下屬。』施舟人（K. M. Schipper）稱神祇挪到廟後面，『據說是監醮。』這個詞也可以解釋為『監督祭祀』。」

在臺北天后宮現場，雖然日本僧團進行的是佛教真言宗儀式，並非上述所說的道教醮儀，但移動「弘法大師」決定者為廟方，執事者（主要為吳總幹事）依其宗教生活經驗行事，其行為與思維不脫離道教與民間信仰模式。

回到日僧在天后宮所辦的法會現場，「移動的神祇」套用上述學者觀點，可以詮釋如下：

法會裡，媽祖依舊居於平常「朝南」、「吸收陽氣」的位置，而「朝南」是臺北天后宮一直重視的堅持。韓明士也指出，「象徵政治權威的南北朝向是中國文化常識」。當年媽祖信徒之所以選擇搬到原弘法寺位置，一大主因就是弘法寺「坐北朝南」，與拆除前的艋舺新興宮一樣。

法會中，媽祖位置不變，維持「朝南」，因此在此儀式裡，媽祖並未被挪到下屬之位，媽祖與「弘法大師」一起接受「禮物」。位在「弘法大師」之後的媽祖，或許還帶有「監醮」意味——也就是「監督祭祀」。

儀式中唯一被「移動的神祇」，就是「弘法大師」，從左側殿移到正殿，接受來自故鄉的「禮物」。依廟方說法，這是因為左側殿前方無空間可容納日本僧團，因務實考量而暫時移動「弘法大師」，是權宜之計。事實上，臺北天后宮移動「弘法大師」至正殿的行為，除了尊重日僧來者是客，無非也是懷抱宗教感、彰顯神聖的具體展現。

第四節　一個弘法大師兩種解釋

從日本視角看弘法大師

在日本旅行時，聽說「烏龍麵是空海從大唐帶回來的食物」，空海的家鄉「讚岐」（四國香川縣舊名）更是與烏龍麵畫上等號。據說空海還是大書法家，與嵯峨天皇、橘逸勢合稱平安時代三筆。幾年前，日本知名作家夢枕獏的魔幻歷史小說《沙門空海唐國鬼宴》，說的是擁有超乎常人智慧的空海解開楊貴妃死亡之謎。總之，空海在日本人心目中就是這麼神

弘法大師母親夢見印度高僧入胎。
（取自《弘法大師行狀曼陀羅》．王曉鈴攝）

奇。

空海（七七四～八三五），密號遍照金剛，唐密第八代祖師，[9]弘法大師為其謚號。空海生於讚岐國造後裔佐伯氏之家，幼名真魚，自幼學習儒學，專攻中國古聖先賢之書，但終不能使他感到滿足。於是發心皈依三寶，作《三教指歸》，比較儒教、道教與佛教的優劣，認為佛教最優秀。

三十歲時，空海成為遣唐僧，西元八〇四年入唐，在福州長溪縣登陸。抵達長安後，於青龍寺遇到密教的付法之師，即真言宗第七代祖師惠果阿闍梨。在空海寫的《御請來目錄》中，記載惠果一見空海如多年知

弘法大師書法造詣高，在長安留下「五筆和尚」軼事。
（取自《弘法大師行狀曼陀羅》，王曉鈴攝）

註 9 唐密八祖指初祖大日如來、二祖金剛薩埵、三祖龍猛、四祖龍智、五祖金剛智、六祖不空、七祖惠果、八祖空海。

交，惠果言：「我先知汝來。相待久矣。今日相見大好大好。報命欲竭。無人付法。必須速辨香花入灌頂。」惠果選空海為正嫡傳人，嗣第八代祖位，號為遍照金剛。灌頂大法在八〇五年六月十三至八月上旬舉行，十二月十五日惠果示寂，彷彿一直在等待空海前來。

關於空海入唐求法之目的，過去認為是欲深入理解密教。但空海並非照單全收、直接引入密教，而是以個人知識背景為基礎，在意識當代問題之餘，重新建構密教並容受其思想（藤井淳著，辛如意譯〈空海的入唐目的〉）。

西元八〇六年，空海返回日本，得到天皇護持，八一六年獲賜高野山，規劃修

弘法大師出生地日本四國善通寺。（王曉鈴攝）

行道場。八二三年受賜東寺。八二七年因祈雨受封為大僧都。八三五年以六十二歲世壽示寂，諡號弘法大師。

日本佛教學者末木文美士認為，弘法大師立場包容，《秘密曼荼羅十住心論》十卷，是晚年思想成熟大作，描述從凡夫到密教最終極目標的十個階段。

「十個階段中，前九教是顯教，只有最後的第十階段是密教（九顯一密）。然在究極的密教立場上，一切的存在不管是煩惱、罪惡或困惑等都是一切的根源——大日如來所顯現，所以前九個階段也可視為是密教真理的顯現（九顯十密）。在空海如此巧妙的理論下，密教以外的諸教，甚至外道或世俗道德也涵括在他的體系內。」（末木文美士

真言宗七代祖師惠果傳受密法予空海。
（取自《弘法大師行狀曼陀羅》，王曉鈴攝）

著，涂玉盞譯《日本佛教史——思想史的探索》）

弘法大師所創立的日本真言宗，鼎盛於當時並傳承至今，事實上，弘法大師自身對日本文化更是影響深遠。

位於和歌山縣的高野山，屬高野山真言宗，總本山為金剛峰寺，是西元八一六年弘法大師創建的修行道場，日本公認的三大靈場之一。[10]弘法大師的肉身就供奉在高野山御廟中，日本人相信弘法大師從未離開人世，他在奧之院洞穴中入定，為世間祈福，等到彌勒菩薩到人間成佛，他將出定，因此循例每天為他送兩次飯。寺方也提醒訪客，通過御廟橋要將頭垂下，並合起雙掌，因為弘法大師將在橋的對面相迎。日本人認為，即使沒死在高野山，也希望也能埋在高野山；沒機會埋在高野山，就用墓碑占得一席之地——用盡一切心機，都是希望能與弘法大師靠近一點，因此造就了奧之院參道上全日本最壯觀的墳墓群。

此外，由於弘法大師曾在四國步行苦修，許多僧侶與庶民追隨大師的苦行，日後形成四國八十八所靈場，亦即遍路。

弘法大師既是高僧，日人為其繪像與塑像的意義何在？

研究印度與日本佛教藝術的美國學者羅森福教授指出，大乘佛教允許在宗教圖

註 10 靈場指信仰聖地。日本三大靈場為和歌山縣高野山、滋賀縣比叡山及青森縣恐山。

参拜高野山奧之院的僧團。（王曉鈴攝）

弘法大師入定於高野山奧之院。（取自《弘法大師行狀曼陀羅》．王曉鈴攝）

像出現寫實的凡人相，加上中國崇尚自然哲學與描述性的藝術表現，因此佛教傳入中國便出現高僧紀念肖像。入唐的空海返日本時，也曾帶回一幅繪有五名真言宗祖師畫像。可以得知，受人崇敬的智者高僧肖像一再複製，蔚為佛教藝術特色。（羅森福著，顏娟英譯《奈良大佛與重源肖像——日本中古時期佛教藝術的蛻變》）

「弘法大師」雕像乃參考其傳統畫像，形象為臉頰圓潤，目光清澈，凝視下方，表情堅毅，右手舉至胸前握五鈷金剛鈴杵，左手置於膝上持念珠，結跏趺坐。從其出生地四國善通寺，到入定的高野山，乃至於臺北天后宮，各地供奉的「弘法大師」形象是一致的。

日治時期在臺日人拜著西門町的「弘法大師」，無形中也創造了對所處地域的

弘法大師入定前端坐形象。（取自《弘法大師行狀曼陀羅》，王曉鈴攝）

認同。

戰後，「弘法大師」進入臺北天后宮受供奉，對日人而言，透過這尊「弘法大師」像，維繫著日本真言宗與臺灣信仰的關係。「弘法大師」的存在，使得人與神、人與地，甚至神與地之間的互動更豐富緊密。

也由於「弘法大師」在臺日有一致的外在模樣，提供了日本人超越原來分屬不同國籍與不同宗教的界限，創造了對廟、對西門町、對臺北，甚至臺灣的認同，帶動臺北天后宮的國際交流頻繁——例如日僧前來誦經舉辦儀式。宗教本身的文化意涵是影響遊客造訪的主因之一，「媽祖廟裡拜日本神」營造出的話題，吸引了日本遊客與真言宗信徒慕名而來。

北投弘法大師岩創建於1910年。
（取自《北投溫泉の栞》，國立臺灣圖書館藏）

今日的弘法大師岩，時有登山客前來參拜。（王曉鈴攝）

爬上石階，即是弘法大師岩。（王曉鈴攝）

何謂大師信仰？

「弘法奪大師之名，秀吉奪太閣之名。」這句日本格言的意思是，提到「大師」即想到弘法大師，說到「太閣」就想到豐臣秀吉。

「大師」一詞，依唐玄奘所譯《瑜伽師地論》解釋：「能善教誡聲聞弟子一切應作不應作事。故名大師。又能化導無量眾生令苦寂滅。故名大師。又為摧滅邪穢外道出現世間。故名大師。」可知在佛教經典上，大師定義廣泛。在中國，智者大師、達摩大師及近代的太虛大師等高僧都被尊為大師。而在日本，只要提到「大師」一詞，第一個想到的就是弘法大師。信仰弘法大師的「大師信仰」成為日本文化的專有名詞。臺北市北投區有一處日治時期開發的「弘法大師岩」，從地名可知是供奉「弘法大師」之處。

從臺灣視角看弘法大師

一日午后，待在臺北天后宮看著拜拜的信徒、聽著擲筊一聲又一聲的「yes or no」，我發現信徒拜完主神媽祖及觀音菩薩等神祇後，幾乎都會拿香到側殿向「弘法大師」拜拜，甚至有信徒對著「弘法大師」擲筊問事情。

「請問您知道這尊神明是誰嗎？」隨機簡單訪問向「弘法大師」拜拜的信徒。綜合他們的答案是：「不確定祂是誰，不過既然祂在這裡，我們就給祂尊敬，拜一下。」

媽祖信徒對「弘法大師」予以尊敬，媽祖供桌上平日葷素不忌，只有觀音生日時才拜素食。而「弘法大師」的供品永遠是素食，對面的福德正神虎爺則是豬肉與生雞蛋，形成強烈對比。

天后宮供奉「弘法大師」的起因，源於頭人黃慶餘的夢，這具有何種意義？關於夢與宗教意涵，宗教心理學者蔡怡佳教授在《宗教心理學之人文詮釋》指出：「夢中出現的角色具備了宗教象徵的意涵，將個體的心靈與神聖連結。意識層次的自我開始覺知到一個保護與指引的神聖力量，進而尋求與這個力量的關係。」因此，天后宮頭人透過夢見「弘法大師」，覺知到這個力量，於是決定供奉「弘法大師」，去與這個力量產生連結。

我向主委黃秀福（黃慶餘之子）請教對於「媽祖廟供奉弘法大師」的看法時，他直接了當的說：「這裡原本就是『弘法大師』的廟。」原是弘法寺供奉的主神，只是被收藏起來，過去被忽略或遺忘。

當「弘法大師」託夢說「不想再被關起來」，就得以重新被供奉，就心理學的解釋，榮格（Carl Gustav Jung）看到人類心靈會自發地創造象徵，尤其透過夢境產生的象徵，引導個體重新認識被意識所排拒的心靈的原始面貌（蔡怡佳《宗教心理學之人文詮釋》）。頭人的夢境，引導廟方重新正視「弘法大師」，或許還帶點補償心理，畢竟祂的佛寺被焚毀了。

「弘法大師」的託夢，是神聖彰顯的途徑之一。這個「夢」產生的效應，無非就是民間信仰重視的靈驗，而漢人地方性的宗教活動「根本性質就是靈驗」（丁仁傑《重返保安村：漢人民間信仰的社會學研究》）。「弘法大師」的靈驗，使祂得以重新被供奉。

再舉一個神奇的例子。某一天，我跟文史工作者黃永銓約在西門町南美咖啡館，看著對面的天后宮喝咖啡講古，他轉述了吳總幹事所說的一則逸事：「每次日本人來誦經，正殿『弘法大師』移動位置的所在，就會有黑雲出現。這黑雲在誦經開始時聚集，誦經結束才散去。」

我聽得入神，這表示天后宮信徒不僅宣揚「託夢」，也彰顯「弘法大師」神蹟，這是人對神的回饋，「在公眾場合作見證以說明神的靈驗、擴張神的功績，並有助於神格的提升」（丁仁傑《重返保安村：漢人民間信仰的社會學研究》）。

那麼「弘法大師」對臺北天后宮的意義是什麼？黃主委轉述父親黃慶餘提過的一則往事：「日本人曾擲筊請示『弘法大師』，問祂要不要回去（日本）。祂說不要，要留下來，習慣了，不想離開這裡。祂一直都在我們這裡。」

既然「弘法大師」不願回日本，決心留在臺灣，天后宮也相對的給予包容與保護。吳總幹事透露，當初重新供奉「弘法大師」之後，「有政府部門的人來問：怎麼會拜日本神？要我們收起來。頭人（黃慶餘）回應好！要收起來可以啊，但是要先給公文。結果，公文一直沒有來，我們就繼續拜祂。」

「弘法大師」重新被供奉後，成為在地化的神祇，意味著融入臺灣，祂如同「人」一樣，會習慣、有感情，不願離臺，並且相對的受臺灣人接納與保護。

對媽祖信徒來說，「弘法大師」雖然是日本佛教神祇，甚至對祂的身份來歷不太清楚，但祂具有託夢的神聖力量，有感應、有靈驗，拜祂能帶來庇佑，這就是臺灣信仰最在意的事。

此外，臺灣民間觀念中，媽祖與佛教關係緊密。以臺北天后宮來說，自新興宮時代一直奉祀由泉州分靈而來的觀世音菩薩，其內由古銅錢堆疊，祀於正殿左龕。雖然有學者主張，媽祖廟普遍供奉觀音，是因為日治時期為了減少日本人尋釁，以保全宮廟。然而，日本宗教學者增田福太郎在一九三九年調查已發現，臺灣媽祖廟絕無只奉祀主神及脇侍的情況，通常配祀其他神佛，情況之一是「與主神（媽祖）有歷史性事實或職能有關係之神佛，如觀音佛祖」（增田福太郎著，黃有興譯〈臺灣的宗教〉）。

臺灣的媽祖信仰，向來廣納佛教、道教與民間信仰多數神祇，有此淵源，媽祖廟裡供奉「弘法大師」也就順理成章。

＊＊＊

在臺灣，道教為民間信仰提供教典，法教為民間信仰提供祭解、補運等儀式，佛教為民間信仰提供誦經。過去知悉的都是各宗教為民間信仰提供「好處」。但臺北天后宮卻反過來，在此呈現的是民間信仰保護佛教的例子，而且是昔日壓迫者（日本殖民政權拆毀新興宮）的佛教神像——「弘法大師」是極具日本象徵的神祇。

日治時期，日本政權為了「去中國化」與「破除迷信」，打壓臺灣民間信仰，尤其昭和十二年（一九三七）七七事變引爆中日戰爭後，臺灣總督府加緊推動皇民化運動，針對道教與民間信仰進行改造，特別是將道教與民間信仰「佛教化」，道士與乩童「僧侶化」，儀式「日本化」（闞正宗〈司公與乩童——日本「皇民化運動」下道士的佛教化〉）。但日本政權離開後，在臺北天后宮發生的現象，是日本佛教的神祇依附在媽祖廟，受到民間信仰保護。

「弘法大師」從日治到戰後歷經轉變，首先是神聖空間的變化，日本佛寺消失，改成現代建築裡的媽祖廟，並且從主尊之位移到側殿，成了陪祀；其次是社會群體的變化，從念誦《理趣經》的真言宗信徒，變成拿香拜拜還會擲筊的媽祖信徒。

杜贊奇提出「刻劃標誌」的論點，不同的歷史族群通過描述他們自己對一個現成故事或神話的看法，增加或重新發現新的因素（杜贊奇〈刻劃標誌：中國戰神關帝的神話〉）。於是，「弘法大師」確立了新的解釋：戰前，祂是佛教宗師；戰後，祂是會託夢的靈驗神祇。

而臺灣民間信仰接納日本佛教「弘法大師」，一如吸收道教經典、法教儀式與佛教誦經。基於民間信仰的包容性，不但保留「弘法大師」像，並在同在一個屋簷下，給予位置祭祀，可解讀為臺灣民間信仰的包容海納性格。

【到本山去旅行：高野山】

眾人皆知臺灣有座阿里山，但阿里山其實不是一座山，而是區域。同樣的，日本高野山也非山，是位於和歌山縣周邊群山環繞的盆地，地形宛若一朵聖潔綻放的蓮花。高野山是被弘法大師選中的聖地。

隨著一二〇〇多年前弘法大師的腳步，高野山已成為日本繁盛的宗教聖地之一。目前全山區有一一七座寺院群，存有最鼎盛時期超過兩千座寺院的遺跡，其中地位最高的金剛峰寺，為日本真言宗總本山，與京都東寺同為真言宗之聖地。二〇〇四年，包含高野山在內的「紀伊山地聖地及朝聖路」被聯合國教科文組織登記列為世界遺產。

我在賞楓季節來到高野山採訪，雖然秋風瑟瑟，但山上出乎意料的熱鬧，本地遊客、外國遊客、旅行團體、僧侶隊伍，忙著穿梭在各座寺院間參拜。

奧之院周邊是另一種熱鬧，這裡躺著全日本最大的墳墓群，兩公里的路途中擠滿墳墓、祭靈塔與供養塔，可能有數十萬座，或許達百萬座，真實數字難以統計。

墓中人沉默，但碑上名字個個都是曾叱吒日本歷史的風雲人物，織田信長、豐臣秀吉、德川家康等戰國三傑，武田信玄、上杉謙信兩宿敵，織田信長與他的背叛

❶日本真言宗總本山金剛峰寺。（王曉鈴攝）
❷高野山宿坊之一惠光院。（王曉鈴攝）
❸伴隨墳墓群的小地藏。（王曉鈴攝）
❹惠光院護摩火供法會。（王曉鈴攝）

者明智光秀，都在這條路上殊途同歸。伴隨墳墓群的是地藏菩薩，猶如伸展台上的小模特兒，排列整齊的穿著捐贈者提供的各色帽子、圍兜與衣裳。

白天遊歷高野山熱熱鬧鬧的，晚上則是截然不同的感受。

夜幕來臨前，我被安排投宿到惠光院。惠光院是高野山五十二間寺院開放宿坊的其中之一，聽說每間宿訪設備差不多，提供潔淨的獨間和室及美味的精進料理。與日式旅館不同的是，沒有電視看、沒女將招呼接待、沒餐館提供宵夜，而且還要做功課。

我在宿坊的行程是這樣的：分配好房間，安頓之後，參加密教阿字觀瞑想，然後是晚餐吃精進料理時間，睡覺前在房間抄寫心經，隔天清晨六點半去佛堂做早課，再去參加護摩火供法會，結束後吃早齋。

難忘的是，山上白天氣候宜人，太陽消失後溫度馬上降到零度。宿坊並非全室提供暖氣，房內有被爐桌還算舒適，但離開房間經過冷冰冰的走道就直打顫，打坐、禮佛念經時更是抖得不停。

早膳後退房，還有點時間，就在寺院附近散步拍照，發現水缸已凍結出一層薄冰，但見穿著單薄的掃地僧人神態自若，是習慣了嗎？還是修行精進之後便不怕冷？無論如何，在山上修行真的不容易呢。

第 2 章

北投普濟寺與湯守觀音

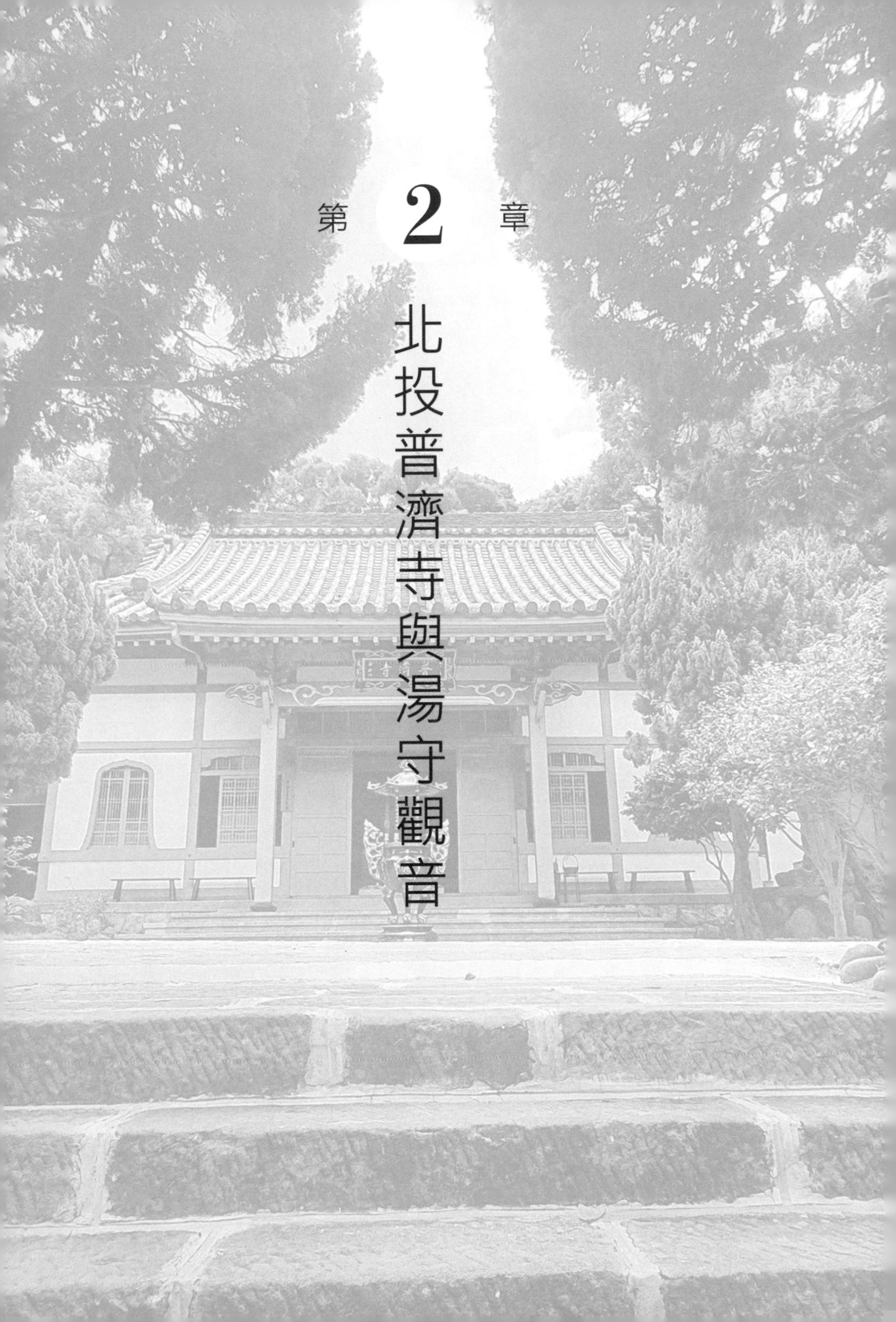

南台灣的秋老虎兇猛，我和記者朋友們在東港碼頭揮汗等船。某家日媒總編細木仁美小姐聽說我喜歡看廟，便邀我到北投普濟寺參加湯守觀音見面會，我欣然接受，這座寺院創建於日治時期，湯守觀音一直是我心中的謎。

往小琉球的船上起起伏伏，我看著百年前日本僧侶曾渡過的海洋，心想他們最初抱著什麼念頭來到未知的土地上傳教？是否完成他們的夢想？又是帶著什麼樣的心情離臺？與此同時，我開展了本書的另一篇章，驚喜發現北投普濟寺與湯守觀音之間，竟然出現臺北天后宮與「弘法大師」相同的羈絆。

日治時期報載經常出現「湯守觀音」一詞，內容多為北投溫泉區活動，藉由湯守觀音祭吸引遊客，類似今日祭典旅遊報導。然而，湯守觀音在二次大戰後消失成謎，近年才被發現原來一直都在原地，隱身於北投普濟寺[1]。

上一章「弘法大師」有很多分身，形象都相同。而湯守觀音不論造型或名字，都是絕無僅有，在日本也找不到第二尊。嚴格來說，湯守觀音最初是為繁榮北投而「創造」出來的。選擇供奉觀音像，並非偶然，由此可探討臺日民間對觀音菩薩的依戀。普濟寺近年與日本京都妙心寺締結兄弟寺，此番因緣也與湯守觀音有關。

普濟寺原名「鐵真院」，過去大家著重日式建築或歷史沿革，我更關心的是，

註　1 臺灣以普濟寺為名的寺院甚多，故在此先特別強調北投，以下僅稱「普濟寺」。

同一個神聖空間，經歷政權轉變與宗派更迭，湯守觀音的本相是否轉變？這問題還是要從信仰的民眾著手。

普濟寺過去有太多誤傳，例如寺外的子安地藏，曾被誤認是失蹤已久的湯守觀音。鐵真院之名，被曲解為鐵道部的真言宗信徒所建的寺廟，甚至誤傳為「鐵路廟」；又因供奉湯守觀音，誤得了「溫泉守護寺」之名，這些其實都是美麗的誤會。

北投普濟寺湯守觀音。（王曉鈴攝）

第一節　日治時期臨濟宗在臺北的發展

布教成果

與日本佛教多數宗派不同，臨濟宗妙心寺派來臺並非以從軍僧開始，腳步稍晚，又加上僧侶沒有大本山做後盾，而是基於個人宗教使命感來台，初登場就帶給臺灣民眾不同的觀感。[2]

明治三十二年（一八九九），臺灣成為日本殖民地的第五年，臺北劍潭寺附近出現一名托鉢修行的日僧，時而橋畔端座，時而樹下說法，想必當時頗受注目，這位僧人便是妙心寺派梅山玄秀（一八五八～一九二〇）禪師。由於沒有財力較優的大本山做後盾，梅山玄秀只能靠自己的修行，以身作則的布教，在當時被認為是依道德在傳教（林欐嫚《臨濟宗妙心寺派在臺布教史（一八九五～一九四五）》）。

大正元年（一九一一），臺灣總督兒玉源太郎（一八五二～一九〇六，在職一八九八～一九〇六）在圓山創建「鎮南山臨濟護國禪寺」（以下簡稱臨濟寺），

註 2 明治三十年（一八九七）妙心寺派的細野南岳首先來臺北，個人來臺。與另兩僧一度無糧，決定斷食攝心，感動臺人而皈依。

做為臨濟宗在臺灣的根本道場，由梅山玄秀擔任住持，為開山祖師，正式開啟妙心寺派在臺的布教。從日本傳到臺灣的佛教宗派共有八宗十四派，但兒玉源太郎唯獨支持臨濟宗，推測為他個人的宗教信仰所致，現今到臨濟寺萬靈塔前廣場，還能見到兒玉源太郎髮塔。

妙心寺派除了獲兒玉總督支持，還有社寺課長丸井圭治郎（一八七〇～一九三四）貢獻心力。丸井圭治郎是《臺灣宗教調

臨濟寺開山住持梅山玄秀。（取自《鎮南紀念帖》，國立臺灣圖書館藏）

查報告書（第一卷）》作者，同時也是總督府宗教事務負責人，他與臨濟寺住持長谷慈圓（一八八〇～一九一八）共同促成大正五年（一九一六）創建鎮南學林，做為僧職人員的教育機構，並擔任相當於校長的林長職務（江燦騰《臺灣佛教史》）。

圓山臨濟寺的兒玉源太郎髮塔。（王曉鈴攝）

可惜鎮南學林因經費短缺等因素，六年後被併入曹洞宗的私立臺灣佛教中學林，成果不多。東海宜誠（一八九二～一九八九）致力的南部聯絡寺廟佛教慈愛院則仍持續。戰後，日本佛教各宗派與臺交流中斷，唯獨妙心寺派保持與臺灣寺廟交流，可說與東海宜誠有密切關係（王見川〈略論日僧東海宜誠及其在臺之佛教事業〉），例如聯絡寺廟之一的嘉義新港奉天宮，至今與妙心寺持續交流。

雖說如此，近年普濟寺與妙心寺的重新交流又是另一番風景，與東海宜誠無直接關聯。

創建鎮南學林的長谷慈圓過世後，妙心寺派在臺布教步調似乎停滯，經過數代住持更迭，直到妙心寺派宗務總長高林玄寶（一八七五～一九六一）出任臨濟寺住持兼布教監督後，在大稻埕設立日語講習所，教授臺灣婦女日語，又設立多處幼稚園教育臺灣兒童（江木生〈内地仏教の臺湾伝来と其現勢〉），顯然又有了新氣象。

大正末期至昭和年間，因妙心寺派對臺灣人傳教成功，臺籍信徒激增。昭和十年（一九三五），臺灣總督府統計，妙心寺派在全臺共有十三座寺院，一處教務所，十座布教所，臺灣籍與日本籍信徒合計近兩萬六千人。到了昭和十二年（一九三七），臺籍信徒人數一度超過曹洞宗。昭和十七年（一九四二）妙心寺派再度超過曹洞宗，單是臺籍信徒已達兩萬六千人（松金公正〈日本統治期における妙心寺派臺灣布教の變遷——臨済護国禅寺建立の占める位置〉）。

光是在臺北，妙心寺派有十二個布教據點，分別是圓山臨濟寺、大橋布教所（今龍雲寺及勸化堂）、昭明禪寺、古月庵、大慈寺、圓覺寺、鐵真院（今普濟寺）、雙連布教所、大稻埕布教所、新起町布教所、士林布教所、大悲閣布教所

（黃明貴《北投普濟寺（原名鐵真院）簡介》）。

發展優勢

日本臨濟宗創始人為榮西（一一四一～一二一五），他兩度入宋，時值中國禪宗興盛。榮西繼承臨濟正宗禪法回日本，建久五年（一一九四）受請入京都倡弘禪法，禪風日盛。現代日本臨濟宗有十四支派，妙心寺派是勢力最大的一派。

妙心寺派日治時期來臺發展，在臺籍信徒拓展上成效最具。江燦騰教授認為，妙心寺派發展初期與臺灣總督府方面的權力核心有特別的親密性（江燦騰《臺灣佛教史》）。事實上，從總督兒玉源太郎、社寺課長丸井圭治郎，到鐵道部運輸課長村上彰一、軍政署臺北縣稅務課長松本龜太郎等的支持，確實是該派在臺發展順利的主因之一。

臨濟宗與權力核心的結合，於中日歷史上都有脈絡可循。末木文美士教授指出，原因在於「禪具有強烈的無神論性格，而且將重點放在以自己為主體的自覺這一點，與（中國）士大夫們所關心的事相吻合的緣故。」放在日本的情況則是「從鎌倉時代（一一八五～一三三三）以來，做一個武士是要對生死有心理準備的，另

一方面，因為新支配階級的武士需要有自主性，所以禪得到支持。」（末木文美士著，涂玉盞譯《日本佛教史——思想史的探索》）

榮西擔任東大寺勸進職務，職敘權僧正，接近鎌倉幕府，積極與權力核心接近的作為，使得禪逐漸被國家承認，在室町時代（一三三六〜一五七三）與幕府連結成為最中心勢力。

此外，臨濟宗及同樣是禪的曹洞宗，教義與臺灣本土佛教相仿，也是在臺發展一大優勢。增田福太郎昭和十四年（一九三九）調查臺灣宗教指出，臺灣原有宗教就是道教、儒教與佛教，佛教以出家佛教來說，為中國佛教禪宗系統的曹洞宗、臨濟宗（增田福太郎著，黃有興譯〈臺灣的宗教〉）。

中國佛教在清代受到明代禪、教、律三學混融之思潮影響，禪淨雙修之風非常榮盛，參禪與念佛歸一，如鼓山湧泉寺住持道霈（一六一五〜一七〇二）（望月信亨著，釋印海譯《中國淨土教理史》）。當時的臺灣佛寺，凡屬福州鼓山之末流，鼓山湧泉寺乃以禪之系統與淨土思想混合者（丸井圭次郎《臺灣宗教調查報告書》）。

於是，中國的禪隨著明清移民傳到臺灣，成為臺灣本土佛教主流之一。榮西則於宋代到中國學習臨濟宗的禪，日治時期再傳到臺灣，兩者等於一脈相承，臺人較易親近，接受度高，使得臨濟宗妙心寺派能於臺灣信徒拓展事業一枝獨秀。

則竹玄敬其人其事

妙心寺派布教師梅山玄秀，明治三十六年（一九〇三）一度返回大本山京都妙心寺，率數名修行僧回臺北，其中一名是十六歲的則竹玄敬（約一八八七～一九七九）。任誰也沒料到，這名少年法師對日後的臺日佛教交流埋下了伏筆。

則竹玄敬為臺南達磨寺開山、日本松尾山願成寺前住持，其人其事，過去在臺甚少揭露。民國一〇六年（二〇一七）十二月二十一日，北投普濟寺與京都妙心寺靈雲院締結友好儀式上，靈雲院住持則竹秀南（一九三七～）禪師提及自己的「灣生」身世，並介紹其父則竹玄敬大正四年（一九一五）年底建造鐵真院的過程：

「則竹玄敬之所以發心興建鐵真院，可以說是在湯守觀音的指引下完成，這是身為佛教徒的使命感。雖然只是二十幾坪小小的經堂，已足以用來傳道。則竹玄敬建完鐵真院後，請鈴木雪應擔任住持，就轉往台南，是他原本就已經計劃好的。這就是鐵真院最早經堂的由來，日後，鈴木雪應再經營出今日所見的一座大殿。」

則竹秀南還提到，則竹玄敬到臺南後，同一年，日本總寺院請他擔任臺南開教師與布教所主任等職務，他在臺灣共建立了十多個寺院，數量相當多。

綜合前述，則竹玄敬在臺灣共四十餘年（一九〇三～一九四六），十六歲跟著梅山玄秀來臺，二十八歲建造鐵真院，建成後，依〈我日記〉自述：「辭別臨濟寺，持一衣一鉢出發赴臺南開教，借用市內一小屋，入托鉢三昧。」二十九歲任臺灣開教師、布教所主任，戰後遣返回日本五十九歲。他在臺南所建的妙心寺派寺院達磨寺，戰後遭廢寺。在北投創建的鐵真院，曾重建與改名普濟寺，但一直維持日本佛寺樣貌，其子則竹秀南在七十年後重返普濟寺，當時種的樹，結出了跨國佛教交流的果實。

第二節　湯守觀音信仰的開展

湯守觀音的創造

日治時期積極開發北投溫泉，明治二十九年（一八九六），大阪商人平田源吾（一八四五～一九一九）開設臺灣第一家民營溫泉旅館「天狗庵」[3]隨著北投溫泉區逐漸發展，泡湯遊客增加，為了促進北投繁榮，也使心靈有所寄託，平田源吾提議安置守護北投的神佛，在鐵道部運輸課長村上彰一（一八五七～一九一六）的大力支持下，明治三十八年（一九〇五）北投溫泉地的守護神——湯守觀音因而誕生。

據平田源吾撰寫的《北投溫泉誌》（一九〇九），供奉觀音菩薩是村上彰一決定的，高二尺（約六十公分）的石刻像也由村上彰一定案，觀音圖像是根據平田源吾在偶然中發現的古書內的觀音尊像圖，委託大倉組的岸本先生製作。以石材浮雕製成的觀音，重達三百斤（約一百八十公斤）。

註　3天狗庵原址為現今的日勝生加賀屋溫泉旅館，留有天狗庵石階與石柱。

湯守觀音的命名有段趣聞。明治三十八年（一九〇五）九月二十一日，觀音像送達北投，安座後，供奉觀音推動者們開始為觀音命名，提出「瀧瀨觀音」、「礦谷觀音」、「溫泉觀音」或「湯谷觀音」等名字都不夠響亮。村上彰一突然提議「壁虎觀音」，眾人譁然，以為是開玩笑。村上趕緊解釋他指的是「湯守」，不是日語發音相近的「壁虎」。最後大家贊同以「大慈大悲北投湯守觀音大菩薩」命名安奉。十月十七日舉

鐵道部運輸課長村上彰一。
（取自《北投溫泉誌》，國立臺灣圖書館藏）

「天狗庵」旅館主人平田源吾。
（取自《北投溫泉誌》，國立臺灣圖書館藏）

行盛大湯守觀音開眼式。

據《臺灣日日新報》十月十九日報導，當天北投盛況空前，旅館料亭優待遊客，北投俱樂部提供休憩所並招待咖啡，從停車場到天狗庵的路上懸掛燈籠，並施放煙火。由十數名僧侶主持開光儀式，結束後，表演相撲、藝妓手舞、新演劇與劍舞等餘興節目，觀音堂附近溫泉人山人海。

湯守觀音的移動

湯守觀音安座於觀音堂之後，沒那麼順遂，短短十多年時間至少遷移了兩次。第一代觀音堂是違建，第二代地點過於偏僻，直到第三代才算穩定，但仍有許多疑點，一直未有定論。近來新發現文獻與疑似遺跡，答案逐漸明朗。

第一代觀音堂

據《北投溫泉誌》描述，（一九〇五年）九月二十日，村上彰一通知明日送觀音像來，要平田源吾預先決定安置點，並且雇用五、六名苦力迎接。……因重有三百斤（一百八十公斤）無法安奉屋內，只好再尋找安置點。……剛好臺北堀內商會會長桂光風來泡湯，平田源吾就向他商談希望捐獻二間四方位[4]的觀音堂，桂光風爽快答應，沒多久就建好觀音堂。觀音堂建成後，才有了十月十七日的湯守觀音開光式。

第一代觀音堂位於北投公園噴水池旁，北投文史工作者楊燁依老照片判斷，地點應在今北投圖書館前左方涼亭位置。

建於1905年的第一代觀音堂。（楊燁提供）

註 4 間為長度單位，一間指柱子與柱子間的空間，為六尺。二間為十二尺，約等於三．六公尺。二間四方位即三．六公尺四角型。

第二代觀音堂

沒想到，第一代觀音堂居然是違建，蓋在海軍用地上，該用地是海軍幕僚委託平田源吾管理的，他在《北投溫泉誌》提到，沒有經過核准擅自設置觀音堂，使得海軍幕僚不悅，經村上彰一協調，給予五十天拆除期限。但後來沒下文，似乎沒動靜。

根據近年發現的文獻《湯守觀世音の栞》[5]記載，明治四十二年（一九〇九），臺北廳長井村大吉（任職期間一九〇九～一九一四）計畫擴張北投公園，有意遷移觀音堂。翌年，又有因觀音堂落成而有遷移打算的報導（《臺灣日日新報》一九一〇年五月二十一日）。

第二代觀音堂位在何處，至今尚無定論，亦未發現遺址。《湯守觀世音の栞》描述遷移後的第二代觀音堂環境，山路崎嶇，位置偏遠，離開人跡。《北投溫泉の栞》提供的線索則是大正二年（一九一三）北投公園開園，湯守觀音移到溫泉旅館上方的丘陵。

綜合上述，觀音堂遷移時間在明治四十三年（一九一〇）至大正二年

註 5《湯守觀世音の栞》，北投鐵真院藏版，由楊燁先生發現，自費數萬元自日本收購回臺，將此寶貴文獻留存臺灣並提供作者參考，特此致謝。該書作者、出版地與出版年代不詳，由於內容提及鐵真院落成，楊燁判斷為一九一六年或不久後出版。

（一九一三）北投公園開園之間。至於「溫泉旅館上方的丘陵」所指何處？或許是天狗庵後方，今溫泉路一帶，尚待證據出爐。

第三代觀音堂

大正三年（一九一四）十二月，村上彰一前來北投溫泉，看到觀音堂荒廢模樣而嘆息，後經北投在住日人組織公會借用「瀧之湯」的東南陸軍用地，於丘陵的相思樹林中建堂，翌年十月十八日舉辦湯守觀音遷座式（《湯守觀世音の栞》），安置在鐵真院上方（田中均《北投溫泉の栞》）。從一九二九年的《北投溫泉の栞》老照片可知，觀音堂規模小，無拜庭，兩旁懸掛幢旗，類似日本鄉間稻荷神社型式。

第三代觀音堂與鐵真院的距離，遠在天邊、近在眼前，但確實地點一直無法肯定。民國一〇八年（二〇一九）十二月，普濟寺志工莊長生先生整理後山時，於樹林裡發現一處建築基座遺跡，為龜甲積砌石法，並留有水泥基柱與日本瓦片，與普濟寺相距僅二十六公尺，寺方認為很可能就是第三代觀音堂遺址。

是不是觀音堂？尚待確認，不過站在該遺跡俯瞰鐵真院屋頂，那些書上所寫的文字線索——「鐵真院上方」、「一片樹林之處」、「丘陵上的相思樹林」，都與現場吻合，一個數十年謎團似乎撥雲見日，令人怦然心動。

第三代觀音堂疑似遺跡，下方為普濟寺屋頂。（王曉鈴攝）

北投公園內的日式噴泉水池。（王曉鈴攝）

建於1913年的北投公共浴場，現為北投溫泉博物館。（王曉鈴攝）

1929年第三代觀音堂。（取自《北投溫泉の栞》，國立臺灣圖書館藏）

先有觀音堂還是先有鐵真院？

答案是先有觀音堂，再有鐵真院。

湯守觀音在村上彰一的號召下，大正四年（一九一五）十月十八日還座到第三代觀音堂。兩個月後，鐵真院起建，於大正五年（一九一六）年初完工。當觀音堂造好時，鐵真院連個影子都還沒有。

湯守觀音信仰與鐵真院的結合

湯守觀音遷移到丘陵上的相思樹林中後，僅供奉在一小佛龕，孤單的立於丘陵中，有志之士商量應營建堂守起居，設立禪房，正好臨濟宗蕃界布教師鈴木雪應在圓山臨濟寺，住持長谷慈圓請他前來，鈴木雪應也同意了。大正四年（一九一五）十一月，（則竹玄敬）開始著手建造庫裡[6]翌年一月落成後，鈴木雪應移錫安居（《湯守觀世音の栞》）。

鐵眞院的由來與湯守觀音息息相關，當時報載「堂宇歷經多次遷徙，終經北投在住日人組織公會，於陸軍用地內改建堂宇（第三代觀音堂），傍建布教所，以村上翁為開基，用翁之諡號取名鐵眞院。」（《臺灣日日新報》一九一七年五月十八日），主要作為臨濟寺僧侶派遣到當地的居所（田中均《北投溫泉の栞》）。

可以說，由於湯守觀音定著於此，信徒因而就近興建寺院，後取名鐵真院。大正五年（一九一六）鐵真院落成後，湯守觀音信仰與鐵真院就此結合。

為繁榮北投而供奉的湯守觀音，起初應是跨宗派的信仰。明治三十八年（一九〇五）十月十七日舉行盛大開眼式當日，禮請東西本願寺、大悲閣、真言

註 6 庫裡為寺院僧人的生活起居空間，如廚房、住持僧與家屬的居室。

宗、曹洞宗、淨土宗、臨濟宗、豐川閣等九座寺院蒞臨（平田源吾《北投溫泉誌》）。

直到日後鐵真院的初建，由臨濟宗妙心寺派僧侶則竹玄敬參與。大正五年（一九一六）竣工後，臨濟寺住持請鈴木雪應前來主持，成為妙心寺派布教所。由此可見，湯守觀音信仰最晚於大正五年（一九一六）與妙心寺派連結。日後，湯守觀音祭典法會於鐵真院舉行（《臺灣日日新報》一九一九年五月十六日）。

昭和初年出版的《臺北市街圖》（一九二七），其中〈北投溫泉附近圖〉裡，僅標示出「觀音堂」，沒有鐵真院，反映出觀音堂當時名氣與重要性勝過鐵真院。換句話說，參拜的目標是觀音堂，而非鐵真院。

隨後的《北投溫泉の栞》（一九二九）與《北投草山溫泉案內昭和五年》（一九三〇）兩書，都將鐵真院與湯守觀音分開介紹，並提到「湯守觀音在鐵真院上方」，表示湯守觀音當時具有獨立性。至此，湯守觀音尚供奉於一座專屬堂宇（第三代觀音堂）。

那麼，湯守觀音究竟於何時移至鐵真院內？目前尚未發現文獻記述，一般相信，時間點落在昭和九年（一九三四）鐵真院重建之時。

綜合言之，明治三十八年（一九〇五）開光的湯守觀音，經歷多次遷移，大正四年（一九一五）遷至丘陵上的樹林中，因而在旁建造了一院，此院於大正五年（一九一六）完工，後取名鐵真院，由臨濟寺安排鈴木雪應主持。湯守觀音信仰在鐵真院完工後與之結合，但起初尚有獨立的觀音堂。直到昭和九年（一九三四）鐵真院改建，就此將湯守觀音移至寺院內，定居於鐵真院（今普濟寺）。

湯守觀音的隱藏與再現

日治時期，在官員與士紳支持下供奉的北投溫泉守護神湯守觀音，日後安座在普濟寺本堂正中央的牆壁中。前方以一尊千手千眼觀音像巧妙遮擋，也不對外公開，即使是北投在地人也不甚清楚，或誤認寺外的子安地藏即為湯守觀音。

湯守觀音是如何被安置於鐵真院牆壁上？據平田源吾所述，石刻的湯守觀音高二尺（約六十公分），重達三百斤（約一百八十公斤），當時報載還稱其石像約兩百貫（約七百五十公斤）。石像送達時，還請來五、六名苦力搬動。但如此沉重的石像嵌進牆內，竹編灰泥牆體能否承受？

民國一〇九年（二〇二〇）普濟寺複製了湯守觀音，打造同樣約36x60公分的湯守觀音複製石像，參與其中的普濟寺志工陳裕順指出，新石像重量約四十公斤。與平田源吾及報載重量差距甚多，那其餘的重量是哪來的？

對照《湯守觀世音の栞》書中照片，可看出除了觀音尊像部分外，下方還有基座。可假設一百八十或七百五十公斤是連同基座重量。湯守觀音被安置於鐵真院牆內時，可能捨棄基座部分，只嵌進尊像，以減輕牆體負重。另一個可能是連同下方基座從地面安置，只是基座被牆壁灰泥封住，使得今日外觀只見湯守觀音像。

湯守觀音與村上彰一。
（取自《湯守觀世音の栞》．楊燁提供）

至於湯守觀音何時安置於普濟寺牆內並被遮掩隱藏？目前能訪談到的最早見證者、前管理人吳滿女士說：「民國五十九年，我來普濟寺的時候就是這樣了。」

「師父（性如法師）沒說過，我也不知道有湯守觀音。過年前我清點掃除，將千手觀音像請出來後，才發現後面牆上有一尊觀音像，當時我沒聽說過湯守觀音，也不敢開放讓人知道，因為被偷走過一尊佛像……。」

幼年曾在普濟寺住過的楊燁回憶，小時候常跟著篤信佛教的母親到普濟寺，當時寺裡只有住持性如法師獨居，有一個阿伯會來打掃煮飯。

「我與性如法師投緣，小學三年級（約一九八〇年）我住在寺裡與性如法師作伴，住了七、八個月，但是從沒見過湯守觀音，也不知道有湯守觀音的存在。」

顯然湯守觀音的存在，在當時還是一個秘密。

吳滿女士表示，從未對他人透露湯守觀音位置，直到民國八十八年（一九九九）九二一地震，普濟寺屋頂受損，翌年下大雨漏水，正殿嚴重損壞，吳滿女士清掃整理時，前來協助的人士才看到湯守觀音。

過去普濟寺一直由吳滿女士打掃，即使卸下管理人之職仍堅持親力親為。民國一〇五年（二〇一六）吳滿女士身體不適，由時任住持的如目法師承接清黜工作。

如目法師首次接手清黜，他希望以儀式化神聖恭敬的與湯守觀音初次見面，於是邀集信徒志工在大掃除前一天進行「浴佛」。當天為農曆十二月二十四日，也就是民國一〇六年（二〇一七）國曆一月二十一日，信眾反應熱烈，日後以此為慣例，固定於農曆年底舉辦湯守觀音見面會，直到民國一〇九（二〇二〇）年底，寺方複刻湯守觀音為止。

到目前為止，出現一個問題，湯守觀音為何要嵌於鐵真院牆內？又為何要刻意隱藏？

平常到普濟寺，是看不到湯守觀音的。湯守觀音本尊就嵌在牆內，千手觀音的後方。為什麼要這麼做呢？原因費疑猜，確定真相之前，在此提出日本寺院常有的「秘佛」與「御前立」供奉模式的可能性。

「秘佛」，是指隱藏的佛像，一般是藏在廚子裡或另一尊佛像後方。「御前立」就是在秘佛本尊的那一尊佛像，供人們行禮膜拜。或許，湯守觀音被當作秘佛供奉，在祂前方掩護的千手觀音則是御前立。

例如，日本長野縣善光寺供奉的秘佛（如來佛本尊）從不公開，信徒只能透過戒壇巡，在本堂地板下的黑暗迴廊走一圈，若能在黑暗中摸到掛於秘佛正下方的鎖頭，就象徵與本尊結了緣。即使是每七年舉辦一次的開龕盛典，信眾也僅能參拜分身佛。

從佛教經典看湯守觀音

日本佛像特色之一為石刻浮雕式樣，湯守觀音即為浮雕石像。藉由湯守觀音具象在普濟寺再現的契機，試著從佛教經典裡，探討湯守觀音造像的內涵。

日本長野縣善光寺主尊為不公開的秘佛。（王曉鈴攝）

觀音在印度本為男相，傳至中國，宋代水月觀音兼具兩性象徵，此後逐漸轉女相，觀音化身絕大多數以女性為主，且經常涉及歷史事件或民間傳說故事，是Avalokite vara轉變為觀音的幾種手法之一（于君方著，陳懷宇等譯《觀音——菩薩中國化的演變》）。觀音信仰深入中國民間，造像傳統未曾中斷，形象隨著淨土思想發展，出現在西方淨土變為阿彌陀佛、觀音、勢至三尊，前景有蓮池，周邊畫十六觀，又有阿彌陀佛三尊來迎圖。

《法華經普門品》云：「善男子！若有佛土眾生應以佛得度者，觀世音菩薩即現身而為說法。」提出觀音菩薩為攝化而自在示現三十三種形象。

但中日佛教藝術及民間一般認知的「三十三觀音」為楊柳觀音、龍頭觀音、持經觀音等等共三十三種觀音化身，與《普門品》名稱與形像完全不同，共同點只有經典裡的三十三這個數字。

假如湯守觀音造像依據為三十三觀音，應屬於三十三種形象中的哪一種？據《北投温泉誌》（一九〇九）記述：「湯守觀音的圖像是根據平田源吾在偶然中所發現古書內的觀音尊像圖，沒說明原型出處，只描述觀世音菩薩站立龜甲上，將壺內靈水傾注，龜仰頭接飲，靈水想必有大威神力之故，使龜能無限長壽。」另外，《湯守觀世音の栞》（約一九一六後）記載的是篤敬三寶的村上彰一夢見大士立於奇魚之上，手持寶瓶灑下靈水，指示石工雕刻湯守觀音。

兩書透露「龜」與「奇魚」的線索，再細看湯守觀音腳踏之物，鱗似魚、眼似蝦，其實很接近龍的既定形象。又可聯想到「龍生九子」之一的贔屭，貌似龜，好負重，有齒。

中國古籍有諸多關於龍的描述，《管子》記載「龍生於水，被五色而游，故神。」《周易乾卦》提到「雲從龍」，《十三經注疏》詮釋「龍是水畜，雲是水氣，故龍吟則景雲出，是雲從龍也。」南宋羅願（一一三六～一一八四）在《爾雅翼》〈釋龍〉寫道：「角似鹿、頭似駝、眼似鬼、項似蛇、腹似蜃、鱗似魚、爪似鷹、掌似虎、耳似牛。」

湯守觀音腳踏之物既為龍，再對照觀音三十三種形象，出現龍者即是龍頭觀音了，其法相特徵為乘坐或站立於龍頭之上。

回過頭來看湯守觀音，背屏式石雕，造型莊嚴，衣著高貴，頂戴頭巾，頸上佩戴瓔珞寶飾。左右兩手交叉相疊，右手掌朝上，掌上持有圓形物件，或為蓮花苞；左手持淨瓶，瓶口傾斜，向下傾瀉瓶內甘露水，象徵保佑人間去除疾苦病痛的甘露水，流暢地呈現弧度曲線，巧妙延伸成平躺的「S」曲線，繼而三百六十度轉個圈，與觀音腳下的龍合為一體，化為龍身下的波濤。

對照流行當時的龍頭觀音造型，可參考土佐秀信繪木刻本《佛像圖彙》（一八八六），〈龍頭觀音〉坐在龍頭上，雙手交疊藏於衣袖中，龍與雲合為一體。浮世繪名畫師葛飾北齋（一七六〇～一八四九）也畫過龍頭觀音，收錄於《北齋寫真畫譜》（一八九一），此畫中的觀音亦採坐姿。

最接近湯守觀音造像的構圖，是武士兼畫家立原杏所（一七八六～

傳統廟宇建築裡的龍。圖為龍山寺。（王曉鈴攝）

日本善通寺的西國三十三所觀音靈場。（王曉鈴攝）

日本善通寺的西國三十三所觀音靈場。（王曉鈴攝）

一八四〇）所繪的〈龍頭觀音〉，收錄於《新古画粋》（一九一九）。畫中的龍頭觀音與湯守觀音同樣站立於龍頭之上，觀音姿態同樣雙手交疊，衣袖與背景雲霧的飄動，與湯守觀音水流的S型曲線有異曲同工之妙。差別只在手上沒有水瓶，少了傾瀉的甘露水。

湯守觀音兩旁背景裝飾著蓮花，呈現優美的綻放形態，富有裝飾意味，令人聯想到淨土美術。《佛說阿彌陀經》云：「其土有佛，號阿彌陀……。極樂國土有七寶池，……池中蓮花，大如車輪，青色青光、黃色黃光、赤色赤光、白色白光，微妙香潔。」以佛為主的蓮池世界，是東漢以來佛經所描述淨土世界的基本形態（賴鵬舉《絲路佛教的圖像與禪法》）。

日本佛教美術也充滿蓮花圖像，甚至有中國佛教美術脈絡可循。奈良法隆寺金堂壁畫（日持統天皇，六八六～六九七在位），與莫高窟第三三二窟（初唐）幾乎同時期。前者繪著繁茂蓮花上的菩薩，基本結構與後者的意圖相同，為相連的同一系譜（肥田路美著，顏娟英等譯《雲翔瑞像：初唐佛教美術研究》）。

日治時期佛教在臺的傳播，淨土雖非主流，但往生西方的信念已滲入禪門修行功課中，淨土圖案隨之登場（陳清香《臺灣佛教美術的傳承與發展》）。從佛教美術的角度來看湯守觀音，雕刻簡潔，樸拙無華，樣式不繁複，充滿佛教美術超乎文字所能表達的象徵。

湯守觀音手中淨瓶傾瀉不歇的甘露水，如同在臺日人期望的溫泉水源不斷及生意興隆。而日人開發北投溫泉本意為泡湯療癒，可比佛教造作浴室之功德。世尊在《增壹阿含經卷》告諸比丘：

「造作浴室有五功德。云何為五？一者除風，二者病得差，三者除去塵垢，四者身體輕便，五者得肥白。是謂，比丘！造作浴室有此五功德。是故，諸比丘！若有四部之眾欲求此五功德者，當求方便，造立浴室。如是，諸比丘！當作是學。」

日本佛寺裡常設有浴室，例如京都妙心寺有「明智風呂」，相傳與戰國時代武將明智光秀（一五二八～一五八二）有關。溫泉既能與佛教產生連結，那麼北投溫泉區供奉湯守觀音，乃至於建造普濟寺，讓佛寺裡的觀音為溫泉守護，雖非必然，但也絕對不是偶然。

三十三觀音，佛經與民間流傳版本有何不同？

據《法華經普門品》，觀音菩薩有三十三法身相，「善男子！若有佛土眾生應以佛得度者，觀世音菩薩即現身而為說法。」依此模式，觀音菩薩化現辟支佛身、聲聞身、梵王身、帝釋身、自在天身、大自在天身、天大將軍身、毘沙門身、小王身、長者身、居士身、宰官身、婆羅門身，比丘身、比丘尼身、優婆塞身、優婆夷身，長者妻子身、居士妻子身、宰官妻子身、婆羅門妻子身，童男身、童女身，以及天龍、夜叉、乾闥婆、阿修羅、迦樓羅、緊那羅、摩　羅伽、執金剛神身。

而中日民間流傳的三十三觀音，依《佛像圖彙》土佐秀信所繪的〈三十三體觀音〉，為楊柳觀音、龍頭觀音、持經觀音、圓光觀音、遊戲觀音、白衣觀音、蓮臥觀音、瀧見觀音、施樂觀音、魚籃觀音、德王觀音、水月觀音、一葉觀音、青頸觀音、威德觀音、延命觀音、眾寶觀音、岩戶觀音、能靜觀音、阿耨觀音、阿摩提觀音、葉衣觀音、瑠璃觀音、多羅尊觀音、蛤蜊觀音、六時觀音、普悲觀音、馬郎婦觀音、合掌觀音、一如觀音、不二觀音、持蓮觀音、灑水觀音。

這三十三之數，在日本又發展出「西國三十三所」觀音信仰，亦即西國近畿地方三十三所巡禮觀音之道場。日本佛教入臺之際，也把這種觀音靈場巡禮習俗帶進臺灣。

第三節　從鐵真院到普濟寺

鐵真院的創建

大正五年（一九一六），甫過完新年，北投傳出兩件大事。首先是對北投有諸多貢獻，致力於供奉湯守觀音與設立溫泉管路、新北投線鐵道的村上彰一，於東京老家過世。接著是鐵真院的完工。

村上彰一於一月五日在東京宅邸過世，消息傳到北投，當時寺院工事未完，緊急設立祭壇進行追悼法會，松本無住（松本龜太郎，一八六四～一九一八）與信眾商議，決定以村上彰一戒名院號「鐵真院釋淨彰居士」中的院號做為寺院之名，為鐵真院開基（《湯守觀世音の栞》）。村上彰一院

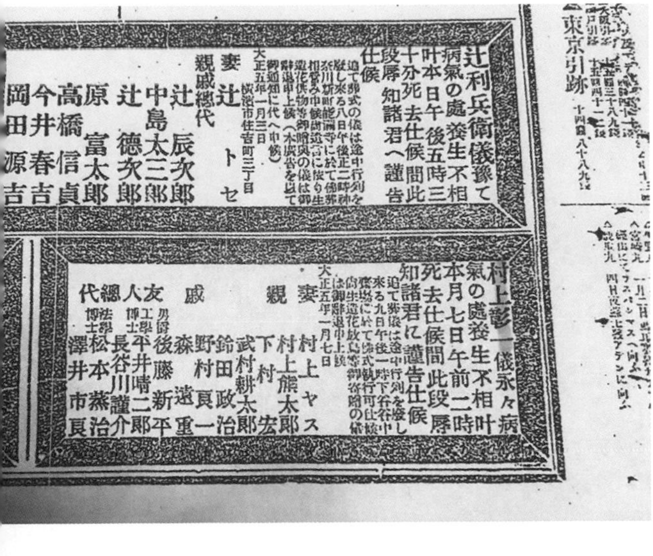
辻利兵衛儀豫て病氣の處養生不相叶本日午後五時三十分死去仕候間此段辱知諸君へ謹告仕候
追て葬式の儀は途中行列を廢し來る八日午後正二時神奈川新町能滿寺に於て佛葬相營み申候尚造花供物等御贈與の儀は御辭退申上候（本廣告を以て御通知に代へ申候）
大正五年一月三日　横濱市住吉町三丁目
妻　辻トセ
親戚總代　辻辰次郎　中島太三郎　辻德次郎　原富太郎　高橋信貞　今井春吉　岡田源吉

村上彰一儀永々病氣の處養生不相叶本月七日午前二時死去仕候間此段辱知諸君に謹告仕候
追て葬儀は途中行列を廢し來る九日午後一時より下谷谷中齋場に於て佛式執行可仕候尚生花造花放鳥等御贈與の儀は御辭退申上候
大正五年一月七日
妻　村上ヤス
親戚　村上熊太郎　下村宏　武村耕太郎　鈴田政治　野村良一　森遠重
友人總代　男爵 後藤新平　工學博士 平井晴二郎　長谷川謹介　法學博士 松本蒸治　澤井市良

《東京朝日新聞社》1916 年1月7日刊登村上彰一訃文，列名友人有臺灣總督府民政長官後藤新平、鐵道部部長長谷川謹介。（西村理惠提供，王曉鈴翻拍）

號中的「鐵」字，或許是為紀念他對鐵道的貢獻。

村上彰一與松本龜太郎是好友，兩人皆與湯守觀音、鐵真院有淵源。松本龜太郎為北投溫泉「松濤園」經營者，贊助湯守觀音開光儀式，同時也是臨濟宗妙心寺派信徒，大力護持臨濟寺與鐵真院，逝後牌位安置於鐵真院。

關於鐵真院的建造時間，《湯守観世音の栞》記述鐵真院於大正四年（一九一五）十一月先著手建造庫裡，隔年二月落成。則竹玄敬〈我足跡〉與《北投溫泉の栞》（一九二九）指出是十二月開工，隔年一月落成。

時間記載有些許出入，不過名稱由來是一致的，先蓋了寺院，再以村上彰一逝後院號「鐵真院」命名。立於寺院內的《村上彰一翁碑》（一九三四），亦是同樣記載。

村上彰一之妻，院號清真院。（王曉鈴攝）

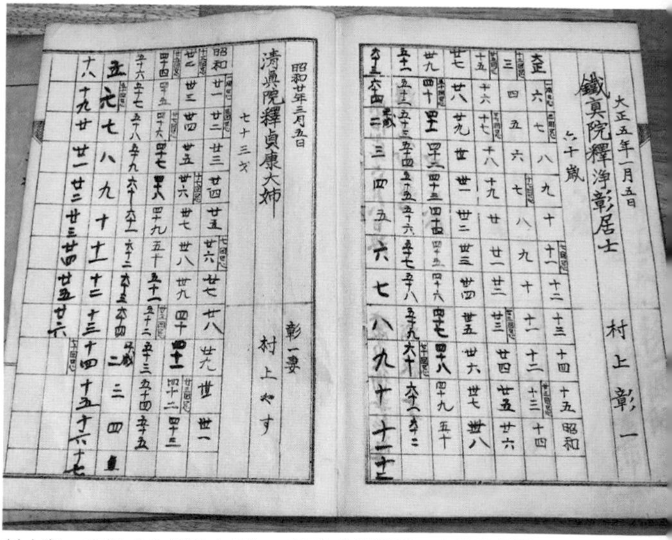

村上彰一夫婦《永代過去帖》，記錄戒名院號。（王曉鈴攝）

《村上彰一翁碑》與棟札

《村上彰一翁碑》立於昭和九年（一九三四），與鐵真院改建同年，背面刻有「昭和九年七月江原莭郎建立」。「江原莭郎」此名也出現在民國八十九年（二〇〇〇）整修普濟寺屋頂發現的棟札。棟札為重建（一九三四）上樑所立，上頭寫有「讀負江原莭郎」。

棟札上方以大字書寫「奉真讀大般若理趣分經」，右小字寫著「佛運延洪皇基鞏固萬民和樂」，左寫「法輪常轉仁澤普霑國土昭平」。正中央下方寫「寶牘惟時昭和九甲戌彌生下院悃修上棟式主任比丘雪應」，右為「讀責江原莭郎」、「大工

㊤ 1934年鐵真院棟札。（莊長生提供）
㊦ 普濟寺《村上彰一翁碑》。（王曉鈴攝）

菅定義田須川久吉」，左為「建築委員」。

建築委員有四排名單，橫向第一排由右至左是「桐村純一、江原莭郎、鳥居嘉藏、戶水昇」，桐村純一有「長」字，是建築委員長。第二排「小川嘉一、吉武才藏、寺西仙次郎、鈴木倉吉」；第三排「池田勇、木曾留吉、松本安藏、塚口重次郎」；第四排「大川馬之助、陳清地、周碧、許德定」。

以下從《南國之人士》（一九二二）、《臺灣官紳年鑑》（一九三二）、《臺灣發達史》（一九三六）等文獻來了解這些人的身份。

棟札中的讀負，同時也是建築委員江原莭郎（一八八二～？，崎玉縣人），為土木建築讀負業，是太田組在臺負責人。

建築委員長桐村純一，實業家，擔任臺灣製莚株式會社組織專務董事，昭和二年（一九二七）任北投庄庄長，任職期間使北投成為著名遊覽地。

其他建築委員中，鳥居嘉藏（一八七二～？，滋賀縣人），開局藥劑師，臺灣製莚株式會社專務取締役，大正九年（一九二〇）任北投庄協議會員。

戶水昇（一八九〇～一九五五，石川縣人），昭和六年（一九三一）任總督府交通局參事鐵道部庶務課長兼總務課長，昭和十四年（一九三九）任臺北州知事。

寺西仙次郎，約明治三十九年（一九〇六）來臺，北投窯業株式會社專務取締役。

鈴木倉吉（一八七九～？，兵庫縣神戶市人），大正九年（一九二〇）北投庄協議會員，神泉閣主貸自動車營業。

木曾留吉（一八六六～？，東京市人），北投自動車株式會社老闆，大正九年（一九二〇）遴選為北投庄協議會員。

值得注意的是，建築委員名單中有三名臺灣人。其中的周碧（一八八二～？）臺陽礦業株式會社監察、海山炭礦株式會社任取締役社長，為臺灣礦業界重要人物，戰後北投鎮首任鎮長。

許德定（一八八二～？）實業家，昭和三年（一九二八）北投庄協議會員。

在鐵真院棟札出現的人物可知身份者，多與北投有地緣關係，有從事與北投相關產業的實業家或政治人物，也有鐵道部官員，可見鐵真院的改建獲得政商界的支持。而且出現三名臺灣人，表示當時已有臺灣人支持鐵真院。

此外，名單上已知身份者幾乎不見溫泉業者，與明治三十八年（一九〇五）提議供奉守護北投神佛的平田源吾（天狗庵老闆）、大正五年（一九一六）初建鐵真院的松本龜太郎（松濤園老闆）不同。

可以說，湯守觀音安置於鐵真院之後，內涵開始出現改變，「湯守」神職已不特別彰顯，擴大成為庇佑北投整體社會生活的神祇。

鐵真院時代歷任住持

鐵真院最早由則竹玄敬所建，以村上彰一為開基，昭和九年（一九三四）重建，歷經三代日本住持，戰後轉交臺僧。以下透過鐵真院時代歷任住持的事蹟，了解昭和九年（一九三四）重建後的鐵真院發展。[7]

則竹玄敬在〈我足跡〉提到，「花蓮港方面的蕃堺布教師鈴木雪應法師因年事已高，礙難勝任，決定離臺返日而來寺（竊思）。長谷法師雖拜法師之尊，惟年紀尚輕，自謙不經世，閱歷淺，有留置老僧以備突發狀況之意。」

鈴木雪應（約一八五六～一九三五），於大正四年（一九一五）來到臨濟寺，住持長谷慈圓希望留下鈴木法師。大正五年（一九一六）鐵真院建成後，長谷慈圓邀請鈴木法師主持。鈴木法師這一留，就是十九年。

在《妙心寺派寺院錄》（一九二一）中，鈴木法師列名〈臺灣開教使〉，為

註 7 鈴木雪應、東海宗達、安田文秀的部分資料，是日本中央溫泉研究所理事西村理惠整理自臨濟宗妙心寺派宗務本所所藏的鐵真院台帳，並提供作者參考。鐵真院老照片也是西村小姐拜訪東海宗達後人所得，特此致謝。

「臺北府北投鐵真院內布教所主任」。鈴木法師七十五歲那年，自費向日本訂製子安地藏，昭和六年（一九三一）安座於前庭並為其開光。今日到普濟寺，猶能見到子安地藏石雕立於寺前。

昭和九年（一九三四），他勸募興建鐵真院，進行大規模改建。這項功績，令人聯想到日本勸募捐錢營造寺塔、造佛像的「勸進僧」，例如重源（一一二一～一二〇六）勸募修復東大寺大佛銅像、重建大佛殿。

現今普濟寺的典雅寺貌就是一九三四年所建，同年三月二十六日鈴木法師主持立棟式。八月十五日廢止「鐵真院布教所」，認可「臨濟宗妙心寺派布教所」。十一月九日鈴木法師就任初代住持，為鐵真院開山住持，也是任職最久的住持。

隔年六月，鈴木法師過世，據昭和八年（一九三三）《臺灣社寺宗教要覽》記載，鐵真院總代為江原萠郎、桐村純一、鳥居嘉藏，此三人與鐵真院關係密切，名字皆出現於改建棟札。

子安地藏。（王曉鈴攝）

鈴木雪應畫像。（西村理惠提供．王曉鈴翻拍）

1941年鈴木雪應忌日法會。第一排正中間為東海宗達，後方為桐村純一。
（西村理惠提供．王曉鈴翻拍）

鐵真院住持之位空懸五年後，東海宗達（一九〇四～一九八六，岐阜縣人）接任。東海宗達於昭和十年（一九三五）渡臺來到臨濟寺，與十餘位駐在布教師從事布教活動。昭和十五年（一九四〇）十二月十日就任鐵真院兼務住持。

昭和十七年（一九四二），東海宗達回故鄉岐阜縣關市武芸川町跡部惠利寺擔任住持，昭和六十一年（一九八六）過世。雖然東海宗達在鐵真院僅兩年時間，但當時他所拍攝的黑白照片，成為今日回顧鐵真院的珍貴影像。

❶ 約1941年鐵真院內部與東海宗達（右二）。（西村理惠提供，王曉鈴翻拍）

❷ 約1941年鐵真院與住持東海宗達。（西村理惠提供，王曉鈴翻拍）

❸ 約1941年鐵真院外觀與東海宗達（左四）。（西村理惠提供，王曉鈴翻拍）

❹ 約1941年鐵真院活動。（西村理惠提供，王曉鈴翻拍）

❺ 約1941年鐵真院活動。（西村理惠提供，王曉鈴翻拍）

昭和十七年（一九四二）四月八日，安田文秀（一九〇〇～一九五七）就任住持，為鐵真院最後一位日本住持，戰後離臺，將鐵真院委任給北投慈航寺住持智性法師。安田文秀返日後，擔任福井縣大飯郡高濱町圓福寺住持，昭和三十二年（一九五七）十二月三十日過世。

智性法師（一八八四～一九六四，臺北人），據《臺灣社寺宗教要覽》（一九三三），俗名葉港，早年到鼓山湧泉寺出家，返臺後於昭和二年（一九二七）重建慈航寺，駐錫弘法，舊地點在臺北縣七星區北投鎮關渡，並加入臨濟宗妙心寺派之聯絡寺，屬臺北市圓山同派布教監。民國三十五年（一九四六）三月十日，受安田文秀委任為鐵真院代理人，直到民國三十八年（一九四九）甘珠活佛駐錫，可說是鐵真院時代唯一的臺籍住持。

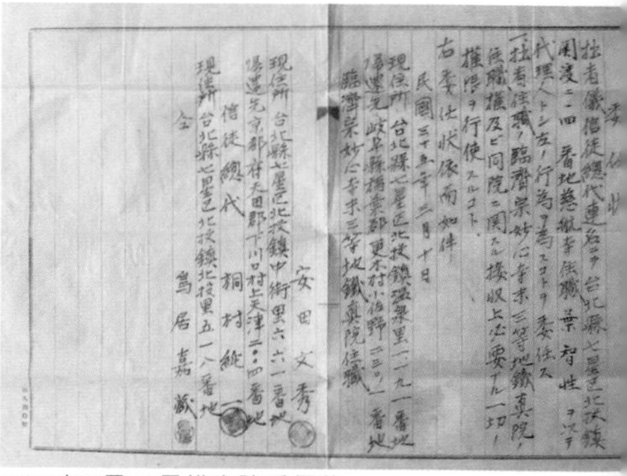
委任狀
拙者儀信徒總代連名ニテ台北縣七星區北投鎮關渡二一四番地慈航寺住職葉智性ヲ以テ代理人ト定メ左ノ行為ヲ為スコトヲ委任ス
一、拙者住職ノ臨濟宗妙心寺末三等地鐵真院ノ住職權及ビ同院ニ関スル接收上必要ナル一切ノ權限ヲ行使スルコト
右委任狀依而如件
民國三十五年三月十日
現住所 台北縣七星區北投鎮瑞泉里一一九一番地
帰還先 岐阜縣揖斐郡更木村小伯野二三〇一番地
臨濟宗妙心寺末三等地鐵真院住職 安田文秀
現住所 台北縣七星區北投鎮中街里六六一番地
帰還先 京都府天田郡下川口村上天津二〇四番地
信徒總代 桐村絃一
現住所 台北縣七星區北投鎮北投里五一八番地
仝 鳥居嘉藏

1946年3月10日鐵真院委任狀。
（西村理惠提供）

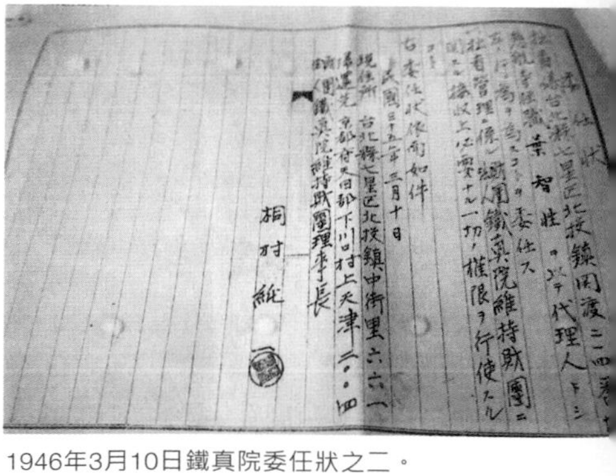
委任狀
拙者儀台北縣七星區北投鎮關渡二一四番地慈航寺住職葉智性ヲ以テ代理人ト定メ左ノ行為ヲ為スコトヲ委任ス
一、拙者管理ニ係ル財團法人鐵真院維持財團ニ関スル接收上必要ナル一切ノ權限ヲ行使スルコト
右委任狀依而如件
民國三十五年三月十日
現住所 台北縣七星區北投鎮中街里六六一
帰還先 京都府天田郡下川口村上天津二〇四
財團法人鐵真院維持財團理事長 桐村絃一

1946年3月10日鐵真院委任狀之二。
（西村理惠提供）

普濟寺的時代

戰後，鐵真院改名普濟寺，由於文獻在臺蒐集容易，且近年寺方積極整理資料，與謎中帶謎的鐵真院時代比起來，普濟寺時代的輪廓相對清晰。以下在黃明貴編著的《北投普濟寺（原名鐵真院）簡介》基礎下，輔以田野調查，開始進入普濟寺時代。

民國三十八年（一九四九），隨國民政府來臺的僧侶，包含了地位高、政黨關係良好的蒙藏僧侶。蒙藏地區的佛教信仰型態傳入臺灣，並構成了戰後臺灣的蒙藏密教信仰最初源流（江燦騰《臺灣佛教史》）。第

今日北投普濟寺外觀。（王曉鈴攝）

十七世甘珠活佛（一九一四～一九七八，甘珠爾瓦默爾根諾門汗）抵臺後，由時任臺灣省政府主席陳誠政策性接待在北投駐錫弘法。甘珠活佛駐錫鐵真院後，旋更名「普濟寺」。

甘珠活佛忙於中國佛教會事務及弘法，民國五十二年（一九六三）六月正式聘任性如法師（一九二八～一九八五，江蘇人）為普濟寺監院，實際負責處理寺務。

據性如法師弟子吳滿女士指出，性如法師原住在北投幽雅路上的日本房舍，因為與甘珠活佛同搭公車，兩人進而熟識。後來性如法師的房舍遭祝融，無處可住，接受甘珠活佛之邀，住進普濟寺。

性如法師十四歲出家，二十一歲受戒於天下第一戒壇南京寶華山，畢業於上海靜安佛學院，與聖嚴法師（一九三一～二〇〇九）同窗。民國三十八年

約1941年鐵真院。（西村理惠提供．王曉鈴翻拍）

（一九四九）參加僧伽救護隊來臺，親近慈航法師。曾任《人生》雜誌主編（任期一九五七～一九五九），期間介紹聖嚴法師給東初老人（一九〇八～一九七七）認識。

民國六十七年（一九七八）甘珠活佛圓寂，肉身舍利供奉於新店甘珠精舍，性如法師繼任普濟寺管理人兼住持。民國七十四年（一九八五）性如法師因病往生，遺囑將普濟寺管理權責委由吳滿。

吳滿女士楊吳滿，人稱「楊媽媽」，現不冠夫姓），民國五十九年（一九七〇）經人勸募整修普濟寺而認識性如法師，進而皈依。

吳滿女士身為臺灣某大船務公司董事長夫人，但她一肩扛起普濟寺每日環境打掃、佛殿擦拭、買菜煮飯及舉辦法會等活動，全年無休。尤其普濟寺歷經三次自行整修，她都親自挑磚擔瓦參與。回顧這段歷程，吳滿女士說：

約1941年鐵真院內部。（西村理惠提供．王曉鈴翻拍）

「剛來普濟寺時，這裡破破爛爛的，現在你眼睛看到的東西，幾乎都是我添購或設計訂製，包括飯廳桌椅、功德箱。我從來不去計算到底用了多少錢。」

「正殿的榻榻米擦起來很辛苦，要維持乾淨，必須擦一天，休息一天。很多人建議我把榻榻米打掉就不用那麼辛苦了。但是我不要，我要讓這裡保持原來的樣子。」

吳滿女士為普濟寺出錢出力護持近五十年，使得普濟寺能維持日本傳統建築及清靜寺貌。普

今日北投普濟寺內部。（王曉鈴攝）

濟寺現今能獲得大眾讚譽保持日式佛寺原貌，都多虧吳滿女士的付出。

民國八十年（一九九一），吳滿女士邀請南山放山寺開山住持蓮航法師（一九二四～二〇一三）兼任普濟寺住持。蓮航法師就讀江蘇焦山定慧寺佛學院，與廣慈和尚、星雲大師、煮雲大師為同窗修學。

期間，普濟寺成為臺北市定三級古蹟，古蹟保存區範圍包括寺院及住持寮房、石佛像（湯守觀音）、《村上彰一翁碑》等，民國八十七年（一九九八）初公告確定。

民國九十七年（二〇〇八），吳滿女士透過廣慈和尚協助，禮請慧明法師任管

北投普濟寺千手千眼觀音菩薩。（王曉鈴攝）

近年在北投普濟寺住持寮房發現的觀音像。（王曉鈴攝）

理人兼住持。慧明法師，南投鹿谷人，民國六十七年（一九七八）於佛光山剃度，顯密兼學，弘法足跡遍及世界各國，曾任百丈山力行禪寺方丈導師。

慧明法師積極解決普濟寺長年難題，購回住持寮房產權，爭取坐落基地租金之優惠減免，向臺北縣政府辦竣正殿及住持寮房土地承租事宜，完成寺廟合法變更登記，正名為「普濟寺（原名鐵真院）」，並爭取到住持寮房修復補助、寺廟調查研究計畫經費。

民國一〇三年（二〇一四），如目法師接任普濟寺管理人兼住持，如目法師十九歲出家，百丈山力行學院禪宗研修所所長，承繼臨濟宗法脈，推動普濟寺國際化，民國一〇六年（二〇一七）與京都妙心寺靈雲院締結為兄弟寺。

民國一〇九年（二〇二〇）六月，力行禪宗大學學務長如廣法師接任住持，普濟寺完成臺北市寺廟登記表。登記中載明主祀神佛為觀世音菩薩，湯守觀音係供奉主神（尊）之首，千手千眼觀音菩薩為奉祀主尊之一。

登記第二的主尊千手千眼觀音菩薩，平常位於湯守觀音前方，以身隱蔽湯守觀音。民國一〇六年（二〇一七）首次舉辦湯守觀音見面會，為了顯露湯守觀音像，將千手觀音菩薩請出，意外發現千手觀音背後書寫著「為寺西氏先祖代代菩提，施主寺西仙次郎」。寺西仙次郎為鐵真院改建（一九三四）時的建築委員。

普濟寺謎樣的觀音像還有第三尊。近年修復住持寮房時，發現地下埋藏一尊安置於廚子的觀音像，初步認為可能是江戶時代的造像。至於這尊觀音像的來歷？何時安置於住持寮房？又為何埋藏？他尚待追查。

同一份寺廟登記表上，註明普濟寺的祭典日期為農曆二月十九日、六月十九日、九月十九日，分別是觀音誕辰日、成道日與出家日。這三個祭典日期與所有供奉觀音菩薩的寺廟相同，不見日治時期湯守觀音的專屬節日。

明治三十八年（一九〇五）十月十七日，北投為湯守觀音舉辦盛大開眼式，之後每年大約都在十月十七日舉行祭典。第三代觀音堂落成（一九一五）後，將湯守觀音堂開基日訂在五月十八日，此後每年這一天前後的週六舉辦祭典（《臺灣日日新報》一九一七年五月十八日）。

有關湯守觀音祭典的最後報導在大正十三年（一九二四），之後似乎未曾舉行。反而是普濟寺自民國一〇六年（二〇一七）於農曆十二月二十四日舉辦湯守觀音見面會，可說是湯守觀音近年的專屬節日。

湯守觀音是鐵真院的主祀神佛嗎？

提出這疑問好像滿奇怪的，但這個問號揮之不去。湯守觀音是否一直以來皆為鐵真院（普濟寺）主尊？

昭和九年（一九三四）鐵真院重建，湯守觀音移至寺內牆上，這時候的寺方是否將湯守觀音奉為主尊，無從得知。更何況戰後政權交替與宗派變遷，更是無法得知湯守觀音之後的「立場」。

據《臺灣日日新報》報導，昭和十年（一九三五）三月十七日，因臨濟寺住持兼布教監督高林玄寶（一八七五～一九六一，任職期間一九三二～一九三九）來臺，鐵真院舉辦佛像安座典禮。

假如昭和九年（一九三四）鐵真院重建當時，湯守觀音已安置於牆上，那麼昭和十年（一九三五）的安座典禮是為哪一尊佛像而辦？是為湯守觀音安座嗎？有沒有可能是千手觀音？而千手觀音的捐贈者寺西仙次郎，也參與了鐵真院重建。

這個謎，恐怕要先追查出寺西仙次郎捐贈千手觀音的原由與時間點，才能釐清真相甚至解開湯守觀音隱藏之謎。

第四節　普濟寺與日本的交流

現在式與未來式

日治時期，鐵真院為臨濟宗妙心寺派布教所，戰後改名普濟寺，接連由藏傳佛教、淨土宗住持接掌。自民國九十七年（二〇〇八）慧明法師接任住持，普濟寺成為百丈山力行禪寺分道場，回歸臨濟宗道場，主要弘揚參禪法門，輔以禮拜經懺等活動。

慧明法師與如目法師海外弘法與教學經驗豐富，具有國際觀並重視脈絡，積極為普濟寺整理文獻，由信徒黃明貴彙整前管理人吳滿女士保管的大批文件，建立可供大眾參考的普濟寺資料。近年透過日本中央溫泉研究所理事兼作家西村理惠在日本協助蒐集文獻與照片，提供普濟寺補充歷史檔案。

民國一〇五年（二〇一六），西村理惠專程拜訪臨濟宗妙心寺派大本山妙心寺，促成兩寺交流，隔年如目法師率團前往京都進行溯源之旅，拜訪妙心寺靈雲院住持[8]，亦即則竹玄敬之子則竹秀南。

民國一〇六年（二〇一七）十二月二十一日，則竹秀南禪師造訪普濟寺，為兩寺院締結友好寺院揭牌。老禪師的致詞感性又風趣，他說，父親則竹玄敬於明治三十六年（一九〇三）來臺，大正四年（一九一五）年參與普濟寺的前身鐵真院開山建寺。自己與普濟寺及臺灣的因緣極深，他在臺南出生，亦即灣生，直到九歲才首次踏上日本土地，因此一直把臺灣視為故鄉。

「我父親則竹玄敬十六歲來臺，還是單身。四十九歲在臺南罹患瘧疾，當時臺灣居住環境與衛生比較不好，信眾半恐嚇的勸他找個有緣的人結婚，娶妻照料身子，後來生下我。……臺南是我的故鄉，我一九三七年在臺南出生，一直在臺南生活，我甚至記得小時候吃的甜點味道。二次大戰結束後，我跟家人回到日本，還記得，搭船抵達鹿兒島時，是我第一次見到日本，當時正好櫻島火山爆發[9]，放眼望去都是灰灰的，九歲的我當時心想，日本怎會是這個樣子……。」

「父親九十二歲過世時前，我希望記錄下他在臺灣的事蹟，當時父親仰望天空看著飛鳥說，『鳥飛過時，是否留下任何足跡？我雖然在臺灣做過很多事情，但我寧願沒有留下任何足跡。』從禪的修為來說，父親的話是對的，不執著，不放在心

註
8 靈雲院創建於大永六年，一五二六年，為妙心寺四派本庵之一，則竹秀南禪師自一九八五年接任住持至今。
9 櫻島為活火山，一九四六年火山爆發頻繁。

裡面。」

締結兄弟寺之後，妙心寺與普濟寺接觸頻繁，每年互訪。則竹秀南禪師造訪普濟寺，也到花蓮百丈山力行禪寺主持禪七，舉辦講座。如目法師除了回訪，也帶領力行禪寺學員到妙心寺參禪，雙方有未來修學交流計畫。[10]

本末寺與兄弟寺

二戰後政權轉移，日僧不管願不願意都得返日，留下的寺院該交給誰，成為必須解決的問題。民國三十五年（一九四六）三月十日，鐵真院第三任住持安田文秀寫給智性法師一張委任狀，上頭署名「臨濟宗妙心寺末三等地鐵真院住職安田文秀」。

江戶時期（一六〇三～一八六七）幕府的佛教政策之一為本末制度，以制度來確定本寺與末寺的隸屬關係，本山對末寺人事等有支配權。二戰後，末寺取得獨立地位。

妙心寺派在臺傳教的根本道場是臨濟寺，至昭和十七年（一九四二）共有十一間布教所以及十五間寺院。大正五年（一九一六）初建的鐵真院為北投布教所，昭和九年（一九三四）改建同年獲臨濟宗妙心寺派認可，與京都妙心寺為本末寺關

註 10 妙心寺派教學財團於京都設有花園大學，創立於明治五年（一八七二），並附設禪學研究所、禪文化研究所。

係。

鐵真院戰後改名普濟寺，住持先後為藏傳佛教與淨土宗，與日本妙心寺中斷交流七十年。直到民國九十七年（二〇〇八）慧明法師擔任住持，恢復臨濟宗道場，加上寺院建築保存日治時期原貌，是延續臺日交流的場所，又有湯守觀音的淵源，民國一〇六年（二〇一七）在西村理惠等熱心人士促成下，普濟寺與妙心寺再度往來。

同年，妙心寺靈雲院與普濟寺兩寺院締結友好寺院，十二月二十一日掛牌「日本臨濟宗妙心寺靈雲院、臺灣百丈山力行禪寺普濟

普濟寺與妙心寺靈雲院締結兄弟寺紀念牌。（王曉鈴攝）

2017年普濟寺與妙心寺靈雲院締結友好寺院。（王曉鈴攝）

寺締結兄弟寺紀念」。則竹秀南禪師在揭牌現場表示：

「妙心寺派所屬寺院，在臺灣有臨濟寺（台北）、光德寺（高雄）、寶覺寺（台中）、德源寺（嘉義）、善光寺（台中）等，今天邀請普濟寺加入，建立友好兄弟寺。」[11]

普濟寺與妙心寺從過去的本末寺變成了兄弟寺，普濟寺追溯了歷史源流並發揚光大，對妙心寺來說，能延續過去在臺灣的經營成果，就如同則竹秀南禪師那年在普濟寺種下的茶花樹，年年綻放美麗的花朵。

北投普濟寺盛開的茶花。（王曉鈴攝）

註 11 承蒙佛光大學闞正宗教授指正寺名，特此致謝。括號內縣市為作者為求明確而另加。

第五節　一個湯守觀音兩種解釋

從日本視角看湯守觀音

日治時期，官方與民間業者選擇了觀音菩薩做為北投溫泉的守護神。單就神祇的選擇，本身就不尋常，因為在日本溫泉區普遍供奉的神祇為藥師如來。

藥師如來為東方淨琉璃世界教主。依《佛說藥師如來本願經》，佛介紹藥師如來於過去世行菩薩道時，曾發十二大願，願為眾生解除疾苦。日本強調療癒的溫泉區常供奉藥師如來，「三大名泉」岐阜縣下呂溫泉、兵庫縣有馬溫泉與群馬縣草津溫泉，皆有藥師如來信仰與傳說，許多日本溫泉區也有供奉藥師如來的小堂。

既然藥師如來信仰與日本溫泉文化緊密結合，北投溫泉區卻以觀音菩薩做為守護神，實為特例，有必要對此加以探討。

日本自古盛行觀音信仰。《扶桑略記》記載，推古天皇（五九二～六二八在位）敕刻沈水香木之觀音像，「敕令百濟工，刻造檀像。作觀世音菩薩高數尺，安吉野比蘇寺。時時放光。」並記載聖德太子（五七四～六二二）建四天王寺，於「金堂安置金銅救世觀音像」。

靈驗是日本觀音信仰不可或缺的一部分。幾年前曾造訪岩手縣二戶市一戶町的鳥越觀音，鳥越地區岩洞有一尊慈覺大師（圓仁，七九四～八六四）安放的觀音，這一帶冬天漫長，生活艱苦。某夜，觀音菩薩顯現，指示慈覺大師「用竹子編織我的化身，告訴村民編織技術。」說完，觀音化成白蛇，用蛇身示範編織方式。第二天早上，慈覺大師利用鳥越生產的鈴竹，傳授村民編織出觀音菩薩送的禮物，改善了生活，鳥越從此成了竹編細工之鄉。

日人崇信觀音菩薩靈驗，這點與臺灣民間的信仰貼近。增田福太郎《臺灣の宗教》（一九三九）觀察到臺灣奉祀觀音，遠超過佛教諸佛，被視為對任何祈願均能允准的慈祥女神。日本中央溫泉研究所理事西村理惠認為，正是因為臺日民眾都喜愛觀音，因此當時選擇觀音來保佑。

闞正宗教授也點出，日本人深知臺灣人崇信觀音，特別以觀音信仰來接引（闞正宗《臺灣觀音信仰的「本土」與「外來」》）。這可說是北投日人捨棄日本溫泉區傳統的神祇藥師如來，有意識的選擇供奉觀音的原因。

湯守觀音被視為北投溫泉的守護神，但嚴格來講，最初供奉湯守觀音並非純為信仰，而是因溫泉而衍生。湯守觀音為北投社會生活的反映現象，依著宗教、心靈生活、審美感情的需求而出現，為守護而被創造（洪德揚〈北投湯守觀音考〉）。湯守觀音之名亦是首創。「湯守」二字為日本語，意指溫泉管理人。湯守觀音名稱是村上彰一命名，祈願「守護人類幸福與健康」。正因為開發北投溫泉，才有需要「湯守」之觀音。

在供奉湯守觀音（一九〇五）後，同年十一月北投成立「浴場改良會」，並從十八份庄磺嘴口（從北投往陽明山方向三公里處）開始鋪設導管，將溫泉引到下游，開始進行建造公共浴場的事業。翌年八月，新浴場「鐵之湯」開幕，明治四十年（一九〇七）「湯瀧浴場」新建落成。在湯守觀音開眼後不久，可窺見整體順利地往有組織化的溫泉場經營方向前進（西村理惠〈臺灣的溫泉與湯守觀音：北投溫泉・谷關溫泉的開法與溫泉思想的繼承方法〉）。

北投溫泉之後發展也很順遂，據《北投區志》記載，溫泉公共浴場在大正二年（一九一三）完工，是當時臺灣規模最大的公共浴場。同年北投公園開園，是北投地區最早設置的公園。大正五年（一九一六）淡水線新北投支線完工，更促進了北

日本名泉草津溫泉供奉藥師如來。圖為湯揉表演。（王曉鈴攝）

投地區的觀光事業。大正十二年（一九二三）日本皇太子裕仁來臺，使得北投公共浴場的名聲大噪，溫泉旅館與酒店倍增。

《北投溫泉誌》寫道：「作為北投溫泉守護神佛，雖是偶然中安置，但未必全是偶然，可能有什麼因緣吧！」對北投日人而言，他們離開家鄉來到遙遠陌生的臺灣經營事業，這些初來乍到的新群體無法用家族的臍帶連結，因此以湯守觀音做為守護的標誌。湯守觀音共同利益的形象產生凝聚力，並保佑泉源不絕、生意興隆。

日本三大名泉有哪些藥師如來傳說？

傳說下呂原有座充沛的溫泉，地震之後，溫泉停止湧出。某天，一隻白鷺降落在益田川岸上，第二天、第三天這隻白鷺都飛到同一個地點靜止不動，村民探視，發現湧出溫泉。白鷺離去後，留下一尊藥師如來像。村民相信，白鷺正是藥師如來化身，便供奉於溫泉寺。

有馬溫泉的藥師如來傳說與名僧行基（六六八或六六七～七四九）有關，他在大阪平原之北挖建昆陽池，有一人請求行基帶他去有馬山裡的溫泉，以治療身上惡物。行基滿足其各種祈望，突然這人變成金色佛身，駕著紫雲朝東方飛奔，行基命人雕刻藥師如來像並建殿堂。

群馬縣草津溫泉的藥師如來也有行基傳說，他行經草津，為病人祈禱，當地竟湧出了溫泉，為守護溫泉而設立光泉寺藥師堂。

從臺灣視角看湯守觀音

明治三十八年（一九〇五），日人決議打造一尊觀音菩薩像做為北投溫泉守護神，當時似乎沒有臺灣人參與討論。即便如此，這一年的十月十七日湯守觀音開眼日，還是有五百名臺灣人參與，日人約一千多名，臺人佔參與人數的四分之一。

每逢祭典，臺灣民眾躬逢其盛；重建供奉湯守觀音的鐵真院時，有臺灣仕紳參與建築事宜，昭和九年（一九三四）十六名建築委員中，有三名臺灣人。

湯守觀音由日人立像，戰後如何保存下來未見記載，但從上述參加開眼祭典及重建寺院的臺灣成員可知，湯守觀音自始受到臺灣人親近與保護。

那麼臺灣信眾對湯守觀音的理解與期望又是什麼？

臺灣民間尊崇觀音可追溯到明鄭時期。劉枝萬先生指出，到了清代，臺灣佛寺本尊以觀音佛祖、釋迦佛及祖師等居多，尤其觀音佛祖，為救苦救難、濟度眾生之女神，信仰獨盛（劉枝萬《中國佛教史論集（八）～臺灣佛教篇》）。

然而，佛教經典中沒有湯守觀音的存在，如何從信仰上定位湯守觀音？從住持、管理人與資深信徒的訪談中，可窺見信眾對湯守觀音的看法。

「在佛教經典中，沒有湯守觀音的存在，祂是獨一無二的，更能夠感受到觀音菩薩千處祈求千處應的慈悲精神，而不是侷限在某一人、某一物、某一地。一百多年來，湯守觀音在北投地區、也在歷史演變過程中扮演一個重要角色，這是觀音菩薩慈悲精神具體的展現。湯守觀音見證大時代的更迭與變化，但是不管時代再怎麼變，菩薩不變。」——前住持如目法師

「頭一次看見祂，我心想，哇！（雙手擊掌動作）怎麼這麼好！有一尊這麼好的觀音菩薩，就給祂拜拜。當時我沒聽說過『湯守觀音』這名稱。」——前管理人吳滿女士

「普濟寺的主尊就是觀音菩薩，不管是千手千眼觀音或湯守觀音，都是觀音的化身。」——信徒黃明貴先生

寺方與信徒看待湯守觀音，看到的是「觀音」身分。這看法，如同《法華經普門品》佛介紹觀音菩薩，「若有無量百千萬億眾生受諸苦惱，聞是觀世音菩薩，一心稱名，觀世音菩薩即時觀其音聲，皆得解脫。」湯守觀音在

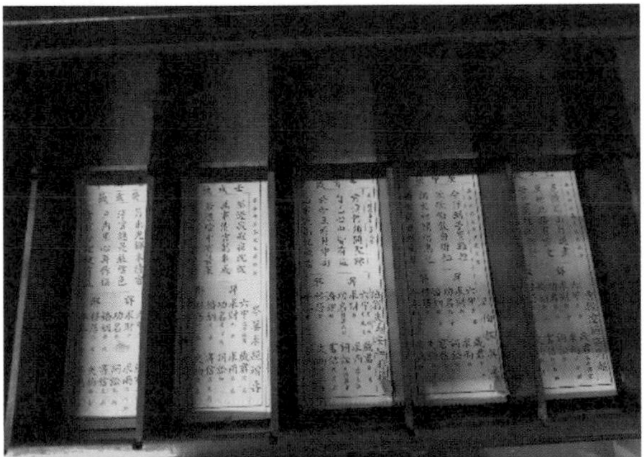

普濟寺籤詩屬於「六十甲子籤」，現不對外公開。（王曉鈴攝）

此定位為度脫眾生，遠離一切苦惱的菩薩。

在時間的演進與信徒族群的變化下，湯守觀音從地區性的溫泉守護神，進一步成了靈驗的神祇。

「剛來普濟寺時，不知道為什麼常吃到油飯，後來才知道是信徒還願。湯守觀音被認為求子靈驗，可能是寺裡也供奉子安地藏，因此產生聯想。」——前住持如目法師

「在普濟寺皈依前後，我常夢見觀音菩薩，在夢中教我畫符仔。」「有人特地從屏東來北投，一到普濟寺就說，就是這裡，跟夢中場景一樣，觀音菩薩託夢要我來的。」——信徒黃明貴先生

臺灣民間的觀音信仰最大特徵，是結合佛教的慈悲觀念與傳統靈感信仰觀念。結合方式基本上是以靈感為本，慈悲為用，把觀音塑造成「廣大靈感」的宇宙神明、救世主（侯坤宏《流動的女神——觀音與媽祖》）。湯守觀音信仰亦不脫離此點。

雖然最初日本人為湯守觀音造像與溫泉脫離不了關係，隨著時代演變，如今在臺灣寺方與信徒眼中，看到的是「觀音」神祇身分，並不特別看重祂是日人立像，

顯然也不在意是否為北投溫泉守護神，「湯守」已非最重要的神職。

＊＊＊

隨著政權更迭，普濟寺宗派改了數次，在寺裡繞樑的誦經語言隨之變化，唯一不變的是定著於此的湯守觀音。

在佛教經典中，《增壹阿含經》解釋了造作浴室之功德，溫泉既能與佛教產生連結，那麼北投溫泉區供奉湯守觀音，讓觀音為溫泉守護，乃至於建造普濟寺，既是巧合，也是選擇。湯守觀音持瓶向下傾瀉甘露水，一如最初供奉的目的，庇佑北投泉源不絕。

從同一個湯守觀音的兩種視角，能發現共通點：在不同政權下，湯守觀音皆有神聖力量，給了歷史群體一種身分感受。

湯守觀音原是北投溫泉業的守護神，觀光活動以祂之名舉行，共同利益的形象，鼓勵在臺日人的社會凝聚力。又由於臺灣人親近觀音，湯守觀音很快進入在地，即使無法顯露其傾注甘露水、象徵源泉不絕的具象，但對臺灣信眾來說，湯守觀音普濟眾生，「湯守」已非首要神職。

杜贊奇研究中國關帝信仰時，認為刻劃過程要依靠這一形象在文化中標誌的反饋，關羽的權勢也是逐漸源自諸多群體長時間內對他的求拜（杜贊奇〈刻劃標誌：中國戰神關帝的神話〉）。湯守觀音的形象，正是源自群體內心的求拜。

祂被賦予的定位既連續又不連續，給了歷史族群相同又有不同的庇佑。湯守觀音形象從地區性的溫泉行業神，擴大成為普世性的觀音信仰。下一個關注點是，祂正演變為臺日交流的國際性神祇。

【到本山去旅行：京都妙心寺】

若說北投普濟寺典雅的日式寺院是小家碧玉，那麼京都妙心寺就是豪門名媛了，畢竟曾是天皇的離宮，又是日本臨濟宗傳承之地，還收藏了許多國寶與文化財，光是這樣的身家背景，就很令人驚訝了。

妙心寺是日本臨濟宗妙心寺派大本山，號正法山，座落於京都市右京區花園妙心寺町，原是花園天皇（一二九七～一三四八，一三〇八～一三一八在位）的離宮，因天皇皈依臨濟宗，建武四年（一三三七）遂將離宮變禪寺，後

妙心寺境內全景。（王曉鈴攝）

來又逐漸擴大，成為今日規模，佔地約四十三公頃。這四十三公頃是什麼概念呢？標準足球場面積以一公頃來計，那麼妙心寺總共有四十三座足球場那麼大，而且營運體制有四派（龍泉派、東海派、靈雲派、聖澤派）四本庵（龍泉庵、東海庵、靈雲院、聖澤院），真不愧是日本最大的禪寺。

那一年，我在櫻花盛開之際來到妙心寺，當時尚不知道自己即將與妙心寺派在臺的鐵真院（今普濟寺）結緣。與其說來參拜，其實心心念念的是旅遊網站上那一株壯觀漂亮的枝垂櫻。

下了車走進妙心寺，購票預約導覽後，便在門口等候。不久一位僧人前來招呼，解釋著法堂目前不便開放，無法入內觀賞天井畫雲龍圖。這幅畫很有名，由狩野探幽描繪八年完成，據說只要站在不同位置觀察，會發現龍的表情及動作隨之變化。

既看不了狩野探幽雲龍，就跟著僧人的腳步去了浴室。

佛教經典稱，造作浴室有功德，在禪寺有浴室並不稀奇，然而這座名為「明智風呂」的浴室卻是大有來頭，是明智光秀的叔叔在光秀死後，為他所建的菩提。明智光秀是二〇二〇年大河劇《麒麟來了》的主角，他發動本能寺之變（一五八二）

討伐戰國大名織田信長，迫使主君自殺，不久後也被土民襲擊而亡。

明智光秀為何要叛變？始終是歷史懸案，而叔叔為何為明智光秀建浴室而非墳墓，也眾說紛紜。有一說，建浴室是為明智光秀「洗去背叛主君的逆賊污名」，好像頗有道理。

無論目的，這浴室建得很講究，有灶台與浴槽，屬於蒸氣浴形式，一旁闢有休息室，用法與現代三溫暖無異，直到昭和初期都還提供僧人使用。浴室供奉跋陀婆羅菩薩，又稱賢護菩薩，依《大佛頂首楞嚴經》卷五所載，跋陀婆羅入浴室忽悟水因，證得無所有。因此，禪宗遂於浴室安置跋陀婆羅菩薩。

隨後自行參觀妙心寺。由於佔地廣闊，塔頭林立，而且禪寺風格原本就是建物以直線排列，整齊如棋盤，走在其中不覺得置身於一間寺院，比較像是漫步京都的古老巷弄裡。

最後來到退藏院，綻放的枝垂櫻不負期待，只一株，就能撐起絕美的場面，天生的主角光環，眾人驚艷搶合拍，我卻一直掛念著明智光秀的浴室，他在歷史舞台匆匆當上主角，又匆匆謝幕，經過四百多年，不知道所謂的污名可洗白沒？

❶ 以明智光秀為名的明智風呂。（王曉鈴攝）
❷ 妙心寺庭園列為名勝及史蹟。（王曉鈴攝）
❸ 明智風呂屬於蒸氣浴形式。（王曉鈴攝）
❹ 妙心寺佔地廣大。（王曉鈴攝）

第3章

臺北新四國八十八所靈場

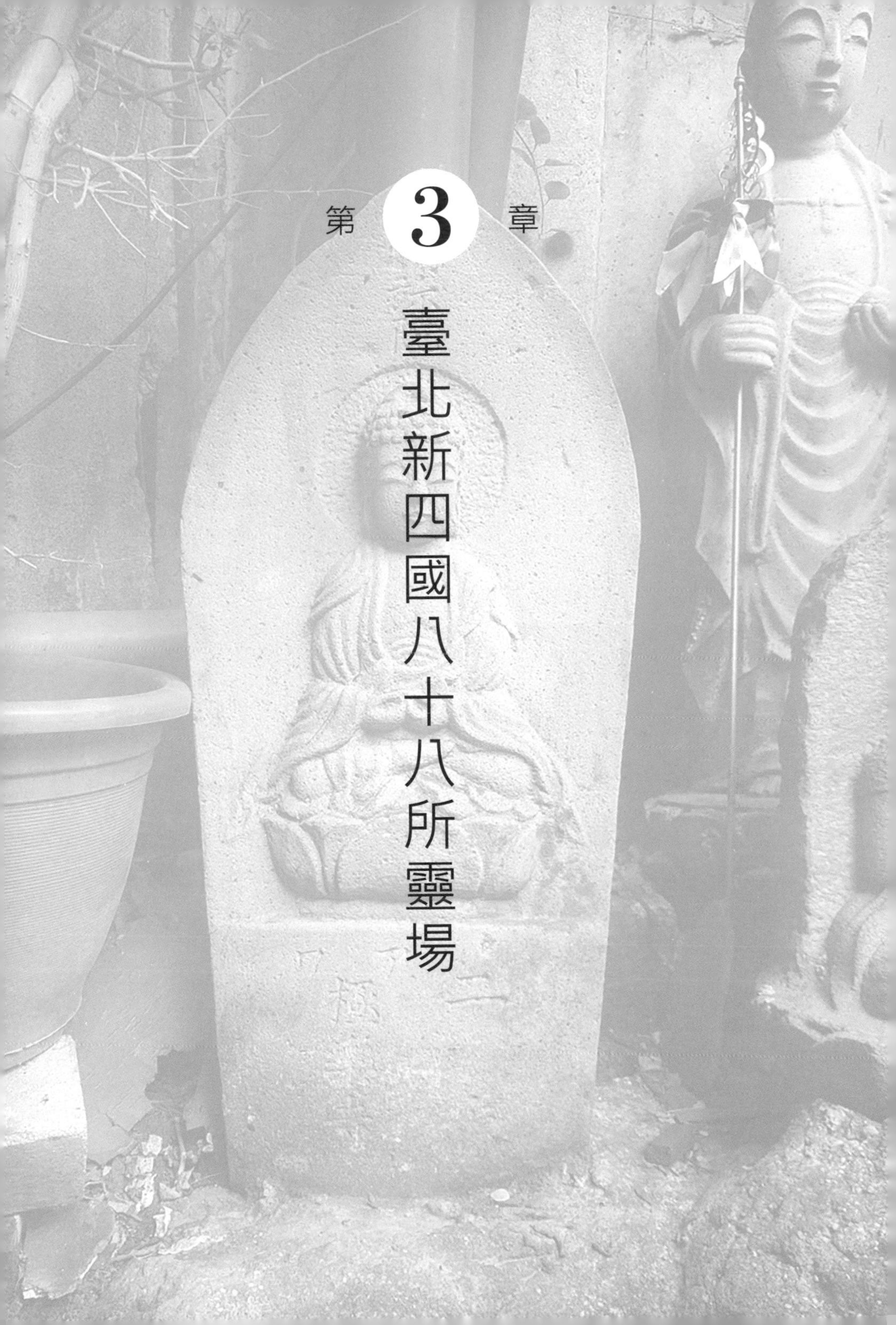

在我的想像中，西門町有群人身穿白衣、頭戴斗笠、手杵金剛杖一起步行，在經過的石佛前誦經參拜，他們循著以石佛安置的路線，伴隨搖鈴聲，朝著北投山區方向前進……。這條路線今日不復存在，但能描繪出畫面，是因為我借了它的原型——四國遍路來參考。遍路今日在日本依舊盛行，被稱作四國八十八所靈場。

日治時期渡海來臺的日本佛教，具體發展除了建設寺院、供奉日本諸神，又有以參拜行為構成的信仰活動。大正十四年

臺北新四國八十八所靈場石佛之一。圖為第38番金剛福寺三面千手觀世音菩薩。（王曉鈴攝）

（一九二五），在臺日人模仿「四國八十八所靈場」，複製一條以石佛串連的朝聖路線，稱「臺北新四國八十八所靈場」，以遍路方式依序參拜。在四國遍路原型，參拜的是八十八所寺院；在臺北遍路，參拜的是八十八尊石佛。

重新追尋這八十八尊石佛，幾乎能認識所有日本佛教宗派位於臺北的布教所在。尤其第1番弘法寺（今臺北天后宮），最後的第88番鐵真院（今北投普濟寺），趁著紙上遊走臺北遍路的機會，將這兩宗派寺院置於同一平行時空討論，並探討臺北遍路在精神上再現的可能性。

這些石佛源自日本佛教與庶民信仰文化，與臺灣佛教或民間信仰融合產生變相，展現民間對信仰的活力與創意。可惜二戰後相關文獻資料有限，此部分主要透過田野調查了解情況。

第一節　四國八十八所靈場在日本

四國遍路的源起

日本本州西南方的四國島，過去分屬讚岐國（今香川縣）、阿波國（今德島縣）、土佐國（今高知縣）、伊予國（今愛媛縣），故稱四國。四國遠離都市，稱為「邊路」，平安時代（七九四～一一八五）是修驗者進行山岳修行所在之一。出生於讚岐國的弘法大師年輕時在四國修行，留下許多直接或間接相關的佛寺及事跡、傳說，共計八十八座寺院，形成「八十八所靈場」。

這八十八座寺院中，真言宗中佔大多數，有八十座寺院，包含高野山真言宗、東寺真言宗、真言宗御室派、真言宗大覺寺派、真言宗善通寺派、真言宗豐山派、真言宗智山派、真言宗醍醐派、真言律宗、真言宗石鈇派等。

例外的是第11番藤井寺、33番雪蹊寺為臨濟宗妙心寺派，第15番國分寺為曹洞宗，第43番明石寺、76番金倉寺為天臺寺門宗，第78番鄉照寺為時宗，第82番根香寺、87番長尾寺為天臺宗。

日後信仰者為了追隨弘法大師，走上他的修行之路，江戶時代（一六〇三～一八六八）初期形成特有的朝聖活動。這種基於對弘法大師信仰參拜四國八十八所靈場的活動，有個專有名詞「遍路」，進行遍路活動的人稱「遍路者」，他們頭戴寫著「同行二人」的斗笠，表示與弘法大師同行。

香川縣善通寺是弘法大師出生地，亦是四國八十八所靈場第75番。（王曉鈴攝）

位於日本高知縣的雪蹊寺，是四國八十八所靈場第33番。（王曉鈴攝）

四國八十八所靈場全程約一〇七七公里，也有一二〇〇至一四〇〇公里的說法，遍路者步行需要四十多天時間。古代交通不便，前往遍路不易，必須搭船渡過瀨戶內海抵達四國，徒步翻山越嶺有生命危險，遍路者身穿白色死者裝束，倘若半路上身亡，便就地埋葬。正如伊利亞德（Mircea Eliade）所言：「通往靈性生命之路，總是伴隨著死於凡俗情境，而後接著新生。」（伊利亞德著，楊素娥譯《聖與俗——宗教的本質》）遍路伴隨著死亡，也象徵重生。

現代社會宗教信仰高度自由，加上人們對靈性的需求，強調體驗式靈修，於是朝聖興起。四國遍路不管在進行方式或遍路者本身，都有很大改變，傳統上遍路是順時鐘走，現代有人選擇反方向或分段進行；有人以交通工具代步，搭公車、踩單車、騎機車，或者開車兩天一夜快速繞一圈。日本國內旅行社還推出遍路套裝行程，安排遊覽車、導遊解說，品嚐在地美食，住宿溫泉飯店。

雖然遍路形式已多樣化，在此探討的遍路，基本上是指傳統步行方式。

四國遍路的目的

「人生即遍路。」

在四國遍路上最常見的文字，莫過俳句詩人種田山頭火（一八八二～一九四〇）所說的這句名言。

四國八十八所靈場源起的歷史脈絡，原是基於對真言宗創始人弘法大師的尊崇、對佛教的信仰。今日走在遍路這條朝聖路上的，不見得是弘法大師的信仰者，不一定是佛教徒，甚至有基督徒熱衷遍路，但他們不約而同地感受到與宗教相通的靈性體驗。這就是伊利亞德定義的朝聖，以行腳（walking）、不止息的活動，來宣告他們想要離開塵世的渴望，表明拒絕任何俗世的情境。

即使是為探索自我或心理療癒而走上遍路，並非為了信仰而走，在遍路投注的心力與時間，已使得旅程變成朝聖之旅，開展過程將療癒意義轉為宗教範疇。

一般將遍路分為四階段，以四個縣做區分，順時針方向來說，德島縣是「發心的道場」（第1至23番），高知縣是「修行的道場」（第24至39番），愛媛縣為「菩提的道場」（第40至65番），香川縣則是「涅槃的道場」（第66至88番）。配合菩薩的修行次第，遍路者走到不同縣（階段），會遇到不同道場的修煉。

遍路者究竟體會到什麼修煉？在此摘錄完成遍路的臺灣作家與研究者之文句，了解遍路者心境。

「把遍路再拿回人生來說，雖然從中看透了自己的不足，但完成了這件事，讓自己相信在面對人生的困難時，會有克服他們的勇氣。」——小歐《遍路：1200公里四國徒步記》

「遍路途中以更宏觀的角度回顧生活、反省與觀照自己的心理，而得以看清自己的心，生命目標也更為明確。」——釋通伽《遍路者的心理轉變歷程研究——以臺灣籍遍路者為例》

遍路提供了思索生命的非日常時空，歷經「發心」、「修行」、「菩提」等試煉，最後到達「涅槃」——亦即生命的圓滿境界。所謂涅槃，是

四國遍路者頭陀袋上有「同行二人」字樣，代表與弘法大師同行。（王曉鈴攝）

解脫，是煩惱的止息。依大乘佛教經典《大般涅槃經》〈光明遍照高貴德王菩薩品之五〉說：「斷煩惱者不名涅槃，不生煩惱乃名涅槃。」又具足常樂我淨等涅槃四德，「常、樂、我、淨具足而有，即是無上大般涅槃。」

遍路者穿著死者衣束，代表抱著死去的決心，具有與法身相關的佛教思維。佛陀在世間才八十年，且患病入滅，眾生難免懷疑佛陀是否真的長存。《涅槃經》力言佛陀為常住，回應此疑難時，把佛身分為真實與方便兩方面，真實者為佛的常身，方便者為佛的方便示現無常色身（屈大成《大乘大般涅槃經研究》）。

遍路者身穿白色裝束。（王曉鈴攝）

此外，罪犯也會走上遍路，透過苦行反省懺悔。依〈迦葉菩薩品之二〉所言：「一切眾生悉有佛性，一闡提人、謗方等經、作五逆罪、犯四重禁必當得成菩提之道。」這條路不拒絕罪犯，正是《涅槃經》核心思想「眾生悉有佛性」、「一闡提也能成佛」，是佛的慈悲無限，菩薩道的精神。以《涅槃經》核心理論「眾生悉有佛性」，來對映遍路期間心理轉變的過程，即是對生命的觀照。

第二節　新四國八十八所靈場在臺北

臺北遍路的源起

臺北新四國八十八所靈場（以下視情況稱「臺北遍路」）創立於大正十四年（一九二五）。這一年，日本治臺滿三十年，已從武官總督轉到文官總督時代（一九一九～一九三六），社會穩定，交通建設與休閒設施普遍，淡水線鐵道與新北投支線竣工、北投溫泉設施開發，加上弘法寺、臨濟寺、鐵真院、曹洞宗大本山臺北別院等皆已創建，臺北新四國八十八所靈場就在這背景下產生。

據當年《臺灣日日新報》報導，鎌野芳松、平尾伊三郎、大神久吉、二宮實太郎及尾崎彌三郎等五人發願創立靈場，經過奔走籌備，終於在四月十日獲臺灣總督府認可，四月十四日午前十時於第1番所在的弘法寺舉行開眼供養法會。開眼法會當天，鎌野芳松擔任代表誦讀發願文，弘法寺住持主持儀式，淨土宗、臨濟宗、曹洞宗、北投鐵真院等代表僧侶出席。

這些發起人不僅是報紙上露出的名字，他們也出現在名人錄《南國之人士》（一九二二）一書中。鎌野芳松（生卒年不詳）是奈良縣人，他在臺北榮町開設鎌野時計鋪；平尾伊三郎（一八七一～？），四國德島縣人，在臺北本町開設平尾商店；大神久吉（一八七八～？），四國香川縣人，在臺從事建築五金承包工程；二宮實太郎（一八六九～？），四國愛媛縣人，在臺北末廣町經營酒類與醬油批發。除了查無資料的尾崎彌三郎，四人皆在臺定居，都是生意人或包工，其中三人來自四國。

他們的名字還出現石佛與石亭上，查閱大正十四年（一九二五）四月十五日〈弘法寺の開光供養靈場へ安奉する八十八體の佛像〉報導，在舊報紙發現新聞配圖上，石亭柱清楚刻著「平尾伊三郎」。

現今供奉在北投陽明路民宅旁的第45番岩屋寺不動明王與「弘法大師」，共同

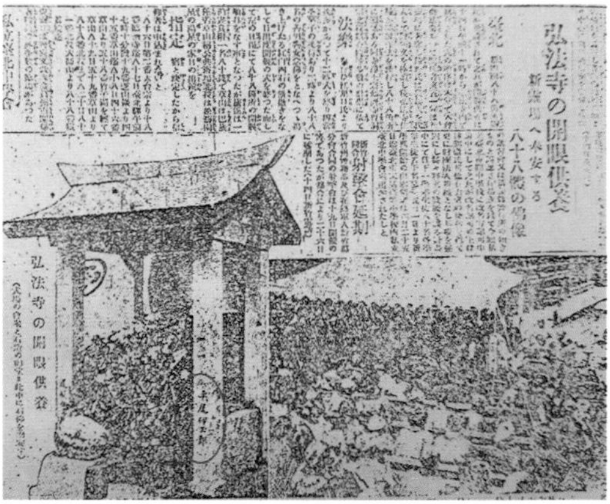
弘法寺の開眼供養
新靈場へ安奉する
八十八體の佛像

1925年臺北新四國八十八所靈場報導，石亭照片刻著「平尾伊三郎」。（取自《臺灣日日新報》，國立臺灣圖書館藏）

第45番不動明王基座上側邊「鎌野芳松」之名。（王曉鈴攝）

第45番不動明王與「弘法大師」基座刻有「台北榮町」、「鎌野氏」與「大正十四年四月」字樣。（王曉鈴攝）

基座上刻有「台北榮町」、「鎌野氏」與「大正十四年四月」字樣。不動明王獨立的基座上另外刻有「鎌野芳松」。這組石佛基座上所刻文字，完全說明了臺北新四國八十八所靈場開創的人事時地物。

再回到一九二五年開眼法會之後的情況。據報載，佛像於四月十四日開光後，十六至二十日立即著手依序在選定的各靈場安置，前後花了五天進行，安置地點為：

「第1番弘法寺，第2番天臺宗，第3番艋舺稻荷樣，第4、5番不動樣，第6番曹洞宗，第7番大正街公園，第8、9、10番三板橋墓地，第11至14番臨濟寺，第15至18番淨土宗，第19至35番芝山巖，第36至44番士林往草山之路徑，第44至61番草山至竹子湖之路徑，第62至71番草山至北投之路徑，第72番至80番北投星乃湯佐野的山附近，第81至87番北投往大師山路徑，第88番北投鐵真院。」

從報導可知，八十八尊石佛有的露天沿路安置，有的置於佛寺、神社、公園與墓地內，安置的地點似乎都經過挑選。佛寺為日本佛教各宗派布教所在，報導明確指出寺院的有第1番真言宗弘法寺、第6番曹洞宗大本山臺灣別院、第11至14番臨濟宗妙心寺派臨濟寺、第15至18番淨土宗圓山忠魂堂，及第88番鐵真院。

需要琢磨推測的地點，為第2番「天臺宗」，指的可能是天臺宗修驗道布教所。雖然天臺宗另有臺北布教所位於大正町，不過就動線順序推測，以新富町的天臺宗修驗道布教所較為合理。據《臺北總督府檔案》（一九一八）及《臺灣社寺宗教要覽》（一九三三）資料，天臺宗修驗道布教所設置於大正七年（一九一八），地址是臺北市新富町四丁目一四番地，本尊為金剛藏王大權限。

第3番的「艋舺稻荷樣」為臺北稻荷神社，建於明治四十四年（一九一一），位在西門町西門市場（今西門紅樓）旁；稻荷神是日本主管豐產及財富的神祇，相傳稻荷神使者為狐狸。樣（さま）為敬稱。

1911年臺北稻荷神社。（取自《臺北寫真帖》，國立臺灣圖書館藏）

第4、5番的「不動樣」是新富町的不動明王。

開眼法會當日，各宗派寺院僧侶代表出席，可知臺北新四國八十八所靈場具有跨宗派的特色。不過跨宗派這一點，臺北並非特例，在四國的八十八所靈場就有八間寺院非屬真言宗。

對於地方靈場創設與寺院宗派的關係，林承緯教授指出，雖有關聯，不過「地方靈場創設時經常需顧及現實環境，因而出現若干的變通作法。」臺灣的日本寺院不多，規模也不大，因此地方靈場皆採石佛型態，且未明確隸屬特定寺院或

原臺北稻荷神社位在今西門紅樓旁。（王曉鈴攝）

宗派〈林承緯《宗教造型與民俗傳承——日治時期在臺日人的庶民信仰世界》〉。同文引用新城常三〈近世に於る地方靈場發達，新西國と新四國〉所說：假如找寺院仍有困難，解決的方法就是「在村落範圍內或一個場所中，造立八十八尊石佛，作為新四國靈場札所的象徵。」

由此得知，建造地方靈場是因地制宜的，例如花蓮吉安慶修院，其前身為真言宗吉野布教所，今日到慶修院猶能看到寺院裡集中八十八尊石佛，這就是在「一個場所」中設置了新四國靈場。

而臺北新四國八十八所靈場，

新富町曾有不動明王與天臺宗修驗道布教所。圖為新富町文化市場一隅。（王曉鈴攝）

等於是在較大的「村落範圍內」造立八十八尊石佛，並且納入真言宗以外的其他寺院。

據報載，大正十四年（一九二五）設立後首次的遍路活動，是同年十月十一至十四日共四天的參拜，活動安排如下：第一天在弘法寺集合，參拜到圓山，各自回家。第二天在臺北車站集合，搭火車到士林，參拜從芝山巖到草山的靈場，夜宿草山。第三天從草山竹子湖到北投，夜宿北投。第四天繼續參拜，回弘法寺解散。

春天設立、秋天進行初次活動的臺北遍路，從第1番弘法寺出發，參拜四天，最後到第88番鐵真院，回弘法寺解散。日後的參拜活動固定在春秋兩季進行。

與四國遍路比較，四國遍路需要長達四十多天徒步走完，臺北遍路路程縮短許多，只需四天，同樣歷經平地的順遂、山路的考驗，也體驗溫泉的療癒，可說是濃縮版遍路，已具遍路的朝聖結構。

想了解臺北遍路實際進行的情況，可從日治時期遍路者文章裡一見端倪，而且發現，原來部分石佛早已改變了位置。

昭和九年（一九三四）《臺灣遞信協會雜誌》連載三期〈臺北新四國八十八箇所巡禮の記〉，從作者「三九郎」的描述可知，臺北遍路設立九年後，最初在天臺宗的第2番石佛移至弘法寺，與第1番石佛同在弘法寺境內右側。今日到臺北天后宮能同時見到第1、2番石佛，便是當時已移動的情況。

石佛改變位置的原因不明，推測天臺宗修驗道布教所性質上難有布教活動，雖然臺北另有布教監督所，但天臺宗布教中心基本上是基隆法王寺，或許因此使得第2番石佛被移出。

第15到18番石佛原在圓山忠魂堂，為淨土宗布教所。昭和四年（一九二九）淨土宗在樺山町的寺院（今善導寺）竣工，便將布教所移至新寺院，可能因此造成石佛遷移。昭和九年（一九三四）「三九郎」進行遍路時，第16番石佛在御園村入口的曹洞宗東門別院（曹洞宗大本山臺灣別院）出張所，15、17、18番遷到臨濟寺。

由上可知，日治時期至少已有五尊石佛因故遷移。儘管如此，石佛搬遷處仍是經過刻意選擇，移至其他日本佛寺或相關地點安置，使遍路功能延續。

當時日本政權透過教育，灌輸自身的價值觀以及宗教信仰，士林公學校[1]發行的教材《鄉土読本わが里》（一九三五），內有〈お大師詣り（參拜大師）〉一文，提及：「每年三月到十月可見許多身著白衣、手持金剛杖的遍路者，……我們前往芝山巖或草山時，要參拜札所緬懷千百年前弘法大師的佛法功德。」

註 1 日人於一八九五年創辦芝山巖學堂，一九二一年改名士林公學校，現為士林國民小學。

當時的兒童教育學校分為「公學校」與「小學校」，日本學生讀的是「小學校」，而「公學校」所收大多為臺灣學童，因此士林公學校這份教材顯然是針對臺灣學童。學校教材提到遍路，並鼓勵臺灣學童參拜札所，或許當時臺北新四國八十八所靈場普遍為民眾所知。

臺北新四國八十八所靈場是哪一個宗派發起？

大正十四年（一九二五）設置八十八尊石佛，開光儀式地點與第1番位置，皆在真言宗的弘法寺，該寺供奉「弘法大師」，於情於理，臺北新四國八十八所靈場很有可能是由真言宗主導。但是發起人是否為真言宗信徒，又是另一回事了。

雖然發起人大多來自四國，有地域關係，在移居地複製故鄉的信仰順理成章。儘管如此，還是無法將四國人與真言宗信徒畫上等號，因為圓山臨濟寺正殿石欄杆上刻有眾多貢獻者，其中出現「大神久吉」之名，臺北新四國八十八所靈場發起人顯然也護持了臨濟宗。

再者，他們支持的不單是複製四國八十八所靈場。大正十五年（一九二六），鎌野芳松、大神久吉再發起「臺北西國三十三觀音靈場」。總而言之，無法將臺北新四國八十八所靈場發起人與真言宗信徒畫上等號。

圓山臨濟寺正殿石欄杆，刻有「臺北大神久吉」。（王曉鈴攝）

臺北遍路的消失

戰後，日本勢力退出臺灣，臺北遍路消失，相關記憶被封存。推測消失原因有三：一是遍路是日人的信仰文化，臺灣人參與本來就有限，隨著日人離臺，不再有遍路者進行儀式。其次，戰後臺灣轉向中國佛教學習，稀釋了日本佛教的影響，不會保全具有日本文化特色的遍路活動。第三，近百年來，城市樣貌急速改變，臺北新四國八十八所靈場範圍在臺北盆地，現代化建設快速，尤其是繁榮地段的萬華區（含西門町）、中正區、士林區，地景變化極大，無人管理的石佛難以留在原地。

石佛的命運不僅在市區變數大，即使位於山區也可能被迫改變位置或消失。草山（今陽明山）往竹子湖的路徑上，沿途曾分布多尊石佛，例如遍路者「三九郎」記述，在草山林間學校附近參拜了第53番石佛。建於昭和八年（一九三三）的林間學校是日治時期臺灣教育會療養所，提供體弱孩童休養運動的設施。民國五十四年（一九六五）興建陽明山中山樓時，範圍納入了林間學校。當地耆老指出，當中山樓興建時，有數尊石佛被混入廢棄物中載去溪裡倒掉。

芝山巖曾存在第19至35番，共十六尊石佛，今日全然不見蹤影，僅剩下一座石亭，沒有石佛，只有空蕩蕩的基座。之所以認定芝山巖這座石亭是臺北遍路的遺址，是比對了大正十四年（一九二五）開眼法會的報導，老照片中的石亭與芝山巖石亭為同個樣式。

另外在北投弘法大師岩附近有座石亭，上頭刻有「大正十四年十月」，樣式類似芝山巖石亭，或許也是臺北新四國八十八所靈場之一。這座石亭裡同樣不見石佛，目前供奉一尊後來安座的觀音像。

從1925年臺北新四國八十八所靈場報導，可知石亭的樣式。（取自《臺灣日日新報》，國立臺灣圖書館藏）

從上述可知，戰後臺北遍路作用不再，原做為靈場所在的日本佛寺、神社與道路，一旦場域有了改變，當初供奉的石佛很可能就被遷移、丟棄，從此各自展開不同際遇。

芝山巖石亭內，還留有石佛基座。（王曉鈴攝）

北投弘法大師岩附近石亭建於1925年，可能是臺北新四國八十八所靈場之一。（王曉鈴攝）

八十八尊石佛是根據什麼而雕刻？

臺北遍路每一尊石佛都代表四國遍路一間寺院，石佛要雕刻哪尊神祇，都是依據寺院的主祀本尊。例如，四國第1番靈山寺，主尊為釋迦如來，對應臺北第1番石佛即是釋迦如來。又如四國第75番善通寺，主尊為藥師如來，臺北第75番石佛即是藥師如來。

八十八尊石佛中，以觀世音菩薩數量最多（含千手觀世音菩薩、十一面觀世音菩薩、三面千手觀世音菩薩、聖觀世音菩薩、馬頭觀世音菩薩、十一面千手觀世音菩薩），共計二十九尊。其次為藥師如來（含七佛藥師如來），共計二十三尊。另有阿彌陀如來十尊，大日如來六尊，地藏菩薩（含勝軍地藏菩薩、延命地藏菩薩）五尊，釋迦如來四尊，不動明王（含波切不動明王）三尊，虛空藏菩薩三尊。彌勒菩薩、文殊菩薩、涅槃釋迦如來、大通智勝如來、毘沙聞天各一尊。

第三節　再現臺北石佛

繡球花季尾聲，我到竹子湖採訪休閒農場，高老闆（一九五四年次）說起挑扁擔賣汽水與茶葉蛋的童年往事，我試著問問他是否看過石佛。我的直覺是對的，高老闆不加思索的回道：「有！而且看過兩尊。」

能夠從在地人口中聽到石佛的事，得知仍有石佛站在遍路原地保佑往來的人們，並且一直受到居民的照顧，想到這點就令我安心。

戰後日人離台，從日本移植來的臺北新四國八十八所靈場無法持續，遍路活動不復存在，石佛順應大時代環境變遷，不免產生在地化的改變。這變化不是單一走向，而是多元化，尋找祂們的現況並發現祂們的改變，是一段有趣歷程。

少數石佛因位在不開放場域，未遭破壞與偷竊而保持原貌，例如陽明山的AIT招待所與寶山建設招待所，由於我不得其門而入，只能參考陽明山國家公園管理處調查報告（二〇〇三），看來兩處的石佛保存狀態良好。

據陽管處調查，在AIT招待所庭園有第66番雲邊寺千手觀世音菩薩，寶山建設招待所後方瀑布附近有第68番神惠院阿彌陀如來。對照遍路者「三九郎」文中（一九三五）記述，第68番是在充滿雜木與水氣的谷間斷崖上掘出石佛安置所，與陽管處調查的現今環境相似，推測68番留置原地未曾移動。

石佛的變與不變

臺北遍路石佛是隨移民而來的信仰文化，戰後有哪些變與不變？又為何有變與不變？李豐楙教授在調查馬來西亞華人社會的宗教時，以本相與變相、顯性與隱性觀念解釋王爺信仰的演變。

「『本相』指諸神原初的神格、職司，各自依據其聖蹟神話即可解脫成神的緣由；後來卻會因應時空環境的變化而出現複雜的面向，即可稱為一種『變相』，乃信仰者參與創造後呈現的變化面貌。」（李豐楙《從聖教到道教：馬華社會的節俗、信仰與文化》）

以下藉此觀念，詮釋臺北遍路石佛再發現後的面向。

用物的改變

國民政府來臺後，草山改稱陽明山，開闢出一條中興路，直通總統避暑用的中興賓館，前陸軍上將胡宗南墓園就在這條路上。碩大的墓旁有古早小徑，是昔日在地人步行往返竹子湖與陽明公園的捷徑，就在這隱密的古道上，立有第56番泰山寺地藏菩薩。

石佛供奉在臺灣古道常見的簡易小祠，推測應是臺灣人建來為石佛遮風避雨。石佛的用物已改變，香爐與燭臺換成臺式，另有三個供杯與燒金紙桶，小祠內還有一對春紅花。

關於這尊古道上的石佛，先前提到的竹子湖高老闆回憶：

「我們高家從清朝就來湖田里種茶，到我這一輩已是第八代……。小時候為了幫家裡賺點錢，我挑著扁擔去陽明公園賣汽水與茶葉蛋。從竹子湖到陽明公園以前我們都是走古道，我記得都會經過一尊石佛，位置就在很大的墓（胡宗南墓園）旁邊。我挑扁擔路過時，看到別人拜拜的水果，就拿來吃，那時候年紀小嘛。有時候，我也會放個茶葉蛋給石佛……。」

㊤ 古道上的第56番石佛小祠。（王曉鈴攝）
㊦ 第56番泰山寺地藏菩薩。（王曉鈴攝）

走出古道就是今日的中興路了，這裡視野遼闊，為居高眺望絕佳之地，可俯瞰淡水河景，與「三九郎」文中（一九三五）所描述的景觀所差無幾，他還寫到能遠眺到中壢、桃園一帶的原野池沼，推測第56番石佛位置應該沒變過。古道上的56番石佛存在，讓今人尋訪遺址時，最能接近臺北遍路的狀態。

現今能看到最多、最完整的臺北石佛之處，就是圓山臨濟寺了。該寺在日治時期為臨濟宗妙心寺派，今日仍為臨濟宗，正殿建築維持原貌。戰後不僅保全了石佛，甚至有增無減。

臨濟寺石佛，有九尊屬於臺北新四國八十八所靈場，露天且貼近地面，與日本普遍的供奉石佛方式雷同。石佛未按照編號排列，從入口依序為第78番鄉照寺阿彌陀如來、第13番大日寺十一面觀世音菩薩、第18番恩山寺藥師如來、第75番善通寺藥師如來、第16番觀音寺千手觀世音菩薩、第11番藤井寺藥師如來、第80番國分寺

㊤ 第78番鄉照寺阿彌陀如來。（王曉鈴攝）
㊥ 第79番高照院天皇寺十一面觀世音菩薩。（王曉鈴攝）
㊦ 第80番國分寺十一面千手觀世音菩薩。（王曉鈴攝）

十一面千手觀世音菩薩、第79番高照院天皇寺十一面觀世音菩薩及第12番燒山寺虛空藏菩薩。

每一尊石佛前，個別設置臺灣常見的小型陶瓷香爐，不見日式石製香爐。用物的變化是因地制宜。臨濟寺的日本石佛位在佛寺，依舊是佛教本質，比較接近本相。

位置的改變

臺北新四國八十八所靈場石佛原安置在遍路動線上，由於時空環境丕變，部分遭到被搬移、棄置的命運，位置改變甚大，動線已不成線。

鄰近臺北市第二殯儀館的念佛寺，供奉第3番金泉寺釋迦如來。依日治時期報載，這尊石佛原在西門町稻荷神社。神社為日本特有的神道教，戰後去日本化，全臺神社皆遭拆除，西門町稻荷神社也不例外，第3番石佛隨之消失。日後被迎去念佛寺供奉，換個角度來說，是從神道教遷到了佛教寺院。

另外，臺北雞南山麓的正願禪寺安置了多尊石佛，寺院後方平台十尊石佛一字排開，包括了第34番種間寺藥師如來、第28番大日寺大日如來、第37番岩本寺阿彌陀如來、第38番金剛福寺三面千手觀世音菩薩、第22番平等寺藥師如來、第36番青龍寺波切不動明王、第19番立江寺延命地藏菩薩等七尊石佛，以及兩尊「弘法大師」。[2]

這七尊石佛原位在芝山巖及士林往草山的路徑上，兩尊「弘法大師」應是穿插其中，推測皆是他人收藏後贈給正願禪寺。這些石佛沒有香爐，雖然置於佛寺，但近似裝飾性質的文物。

就位置來看，念佛寺位於木柵區二殯，正願禪寺位於中山區，兩寺都偏離臺北遍路的路

正願禪寺石佛群，排列極為整齊。（王曉鈴攝）

註 2 另有一尊「文殊菩薩」沒刻番號與寺名，與臺北新四國八十八所靈場的石佛規格不同，推測不屬於該系統。

線。可以說，這些石佛已離開原「崗位」，最初的臺北新四國八十八所靈場性格已然隱性化。

石佛樣貌的改變

北投陽明路民宅旁一處隱密山坡上，第45番岩屋寺不動明王與「弘法大師」並列在近代搭建的棚下，據說是附近居民自溝裡撿回。從現場的供杯與清潔度看來，平日有人供養且勤於整理。

對照遍路者「三九郎」所述，第45番石佛位於多喜湯的入口。現今地點依舊在多喜湯舊址附近，推測是放回原地供奉。

基座上顯目刻著「台北榮町」、「鎌野氏」與「大正十四年四月」，將人帶回到臺北新四國八十八所靈場初開創的時光。

此尊不動明王與「弘法大師」的手部及法器曾受損，不動明王右手所持的法器「智慧劍」有修補痕跡，「弘法大師」的雙手也明顯經過修補。

這尊「弘法大師」的新樣貌，必須特別說明。

日本佛教大師像辨識身份的方式，並非靠面容的相似性，憑的是「指標性附屬

多喜湯舊址附近的第45番石佛。（王曉鈴攝）

受損後再修復的「弘法大師」石佛。（王曉鈴攝）

臺北天后宮「弘法大師」像。（王曉鈴攝）

物」來辨識，如題款、獨特的服飾、象徵性手印、權位配飾、儀軌與傳說。（羅森福著，顏娟英譯《奈良大佛與重源肖像——日本中古時期佛教藝術的蛻變》）

傳統上，「弘法大師」指標性附屬物為右手持金剛杵，左手拿念珠，臺北天后宮所供奉的「弘法大師」正是如此。然而，眼前這尊經修復的「弘法大師」，模樣卻是右手前臂上舉於胸前，手心朝左，左手仰放腹前，沒有金剛杵與念珠兩項辨識特徵，兩手空空，如同「繳械」，若非上頭刻有「弘法大師」四字，否則無法辨識出祂是何方神聖了。

保存完整的「弘法大師」石佛，今供奉於正願禪寺。
（王曉鈴攝）

再來看看石佛樣貌另一種變化。

北投龍雲寺並非原臺北遍路的一站，寺裡有第81番白峯寺千手觀音菩薩，應是被人收藏再請來供奉。這尊石佛特別的是塗上一層白漆。

日本石佛文化盛行，不管是在原鄉，或是移植來臺的石佛，皆以石質原色呈現。戰後產生了變化，今日「新竹新西國靈場」、「宜蘭新西國靈場」部分石佛在臺灣人手中多了色彩。臺北新四國八十八所靈場的唯一例子，就是這尊上了白漆的81番石佛。

神像上彩繪，是漢人為神佛塑像「粧佛」技藝之一。美國哲學家約翰杜威（John Dewey）說：「藝術的源泉存在於人的經驗之中。」（約翰杜威《藝術即經驗》）替神像彩繪的行為意義，是彰顯神祇靈驗，通過彩繪神像來表達對神祇的敬意，亦即宗教生活的藝術經驗。

供奉者為石佛進行修復與裝飾的行為，是因為在意神祇的樣貌，重視神像之形。美國漢學家韓森（Valerie Hansen）指出，漢人自古強調塑像與靈力間的關係，「塑像影響信徒們對神的看法，同時也會影響神本身。假如塑像破舊不堪，神就無法顯靈。」（韓森著，包偉民譯《變遷之神：南宋時期的民間信仰》）

由整修與裝飾的石佛之例，可發現祂們雖然改變了辨識特徵，外相改變，但未喪失其本，塑像經人整理後，象徵著石佛更具靈力了。

神職的改變

戰後被安置到各寺廟的石佛，雖享受香火，但屬於陪祀甚至裝飾的角色。反觀民間獨力供奉的石佛，表現出創造的活力，讓石佛擴增了「業務」，發展出多采多姿的神職成為社區、家宅、行業的守護神，表現不同時代不同信仰者的需求，即使變相，也不離本。

塗白漆的第81番白峯寺千手觀音菩薩。（王曉鈴攝）

社區的守護神

北投平菁街巷底高處有小祠，外觀像是一座土地公祠，得爬上石梯才能入祠。祠內，神祇安座於神桌，掛著四面金牌，桌上有問事情的筊杯，祠外是拜亭與燒金紙的金爐。

北投平菁街石佛小祠，外觀像土地公廟。（王曉鈴攝）

掛金牌的第51番石手寺藥師如來。（王曉鈴攝）

這一切，都像是所有村莊尋常的土地公祠，不同的是，神桌上掛著金牌的神祇為日本石佛，第51番石手寺藥師如來，當地人尊稱「佛祖」（臺語）。

四、五十年前，在地居民沈A先生（已過世）請來這尊石佛供奉。沈A的兒子說：「佛祖是從中山樓後面的竹子湖請回來的，我爸是包工，在樹林裡砍材時看到。」原本供奉在現址右方約十步距離之處，因為原址要蓋房子，石佛遷到現址成為今日小祠。

小祠所在的社區居民以沈姓居多，石佛等於是社區同姓的共同信仰。社區居民沈C先生（一九七六年次）對這尊石佛的敘述如下：

「石佛請過來後，我們這邊都很平安。那些金牌，是以前搬走的人送給佛祖的，他們會回來拜，是因為感謝佛祖保佑，不是賭博性質的。我們固定初一、十五拜素果，過年拜鮮花。」

在臺灣，社區守護神的角色通常由土地公擔當，北投這一社區卻以日本石佛做為守護神，稱祂為「佛祖」。居民得到庇佑之後，用民間信仰方式酬神表達感謝，向石佛回饋以金牌，並用拜土地公的形式，每逢初一、十五拜拜。這尊日本石佛也凝聚了社區向心力，居民即使搬家也延續石佛信仰。

家宅的守護神

臺灣人稱供奉於自宅的神祇為家神，俗稱「家堂佛」或「私佛仔」，家神一般為觀音菩薩、媽祖、關聖帝君、土地神等，在北投菁山路一戶何姓人家是個特例。

一九七〇年左右興建中山樓，何A先生（一九四〇年次）聽說很多石佛跟廢棄物一起被載去溪底倒掉，便去撿回一尊回家供奉，為第64番前神寺阿彌陀如來，他將石佛當做家宅守護神，供奉於門口。何A夫婦對這尊石佛的敘述如下：

「我們不知道是什麼神明，就叫祂『佛祖』。香爐平常不清，只有在過年時清甦才會移位，初一、十五會清理。平常早晚都要上香，初一、十五拜水果。二月十九拜壽麵，聽說那天是觀音生日。」

他請人蓋了一座面對自宅的小祠，理由是「向自己的房子，佛祖的前面不會遮住。」這座小祠裝飾精美，外觀貼滿大大小小的貝殼，全是何A先生蒐集多年或朋友相贈，自己慢慢的將貝殼黏貼起來。我讚美這座小祠被他裝潢得好漂亮，老先生靦腆的笑說：「這要怎麼說呢，佛祖都有保佑家裡啦！」

何A請回的石佛是阿彌陀如來，但以觀音菩薩聖誕日為之祝壽。精神上是將這尊石佛當做觀音佛祖供奉，觀音是臺灣普遍受喜愛的家神。在此，石佛的供奉以

「私儀式」進行，臺北遍路「公儀式」的本相產生質變，保佑平安的神職依舊是顯性化的。

行業的守護神

臺北遍路大半所在的北投與陽明山，日治時期已是知名觀光區，溫泉旅館林立，因此衍生出守護溫泉業的湯守觀音，原是日人供奉的溫泉守護神，現今在臺灣

裝飾貝殼的石佛小祠。（王曉鈴攝）

私人供奉的第64番前神寺阿彌陀如來。（王曉鈴攝）

信徒的眼中隱去「湯守」本相，轉為千處祈求千處應的觀音信仰。

在北投有個相反例子，行義路某溫泉旅館的戶外露台上，立有一尊石佛，三三兩兩的客人泡完湯後，在石佛左右聊天納涼。依照石佛上頭所刻文字，是第70番本山寺馬頭觀音菩薩。

溫泉旅館有四十多年歷史，二十年前改建時，老老闆何B先生請來供奉。櫃檯聽說我要找祂，給了我一個笑容說：「許多客人覺得很靈哦。」

原是臺北遍路上的石佛，被溫泉業者供奉於旅館後，成了公認靈驗的守護神。石佛變相為護佑行業之神，其實是反映出供奉者的需求。

供奉於溫泉旅館的第70番本山寺馬頭觀音菩薩。（王曉鈴攝）

功能的改變

石佛在寺廟或民間供奉，本質仍是神聖物件，具有庇佑人們的靈力。但有的石佛被私人或公家蒐藏，轉為世俗化功能。

例如國立臺灣歷史博物館蒐藏四件日本石佛，其中三件屬於臺北新四國八十八所靈場，分別是第27番神峯寺十一面觀世音菩薩、第43番明石寺千手觀世音菩薩、第49番淨土寺釋迦如來，在臺史博館視為文物蒐藏，民國一〇七年（二〇一八）曾於「神像特展——神界人間」展出，定位為「日治時期日本佛教傳入的展品」。

石佛原是神聖範疇的宗教物件，成了博物館蒐藏的文物後，轉趨文化性，展期才公開展示，不會有誦經拜拜的宗教儀式。石佛在此，做為歷史文化遺跡的宗教文物保存，定義與功能已然改變。

臺北遍路的新出路

大正十四年（一九二五）秋天，進行了初次的臺北遍路活動，遍路者從第1番弘法寺出發，參拜到88番鐵真院，最後再回弘法寺解散。換句話說，臺北遍路的起站與終點皆為弘法寺，今臺北天后宮。由於四國遍路與「弘法大師」關係密不可分，若要探討臺北遍路的新出路，有必要重返臺北天后宮，以了解現代遍路者與該宮廟近年的交流狀況。

民國一〇三年（二〇一四），四國遍路滿一千兩百週年，日本積極推動申報聯合國教科文組織（UNESCO）世界遺產，特殊的朝聖巡禮受到海外關注，國際遍路者增加。根據NPO法人遍路とおもてなしのネットワーク統計，二〇一七年七月至二〇一八年六月底有二五〇三名遍路者以徒步方式完成遍路，外國人四一六名，佔了一六・六%，是自二〇〇四年開始統計以來至二〇一九年，外國遍路者人數與比例達到最高的一年。四一六名外國遍路者中，法國、臺灣、美國人數為前三位，可見遍路在臺掀起的熱潮。

四國遍路是基於崇信「弘法大師」而形成，臺灣與「弘法大師」關係最密切的寺廟為臺北天后宮，前身是主祀「弘法大師」的弘法寺，現依舊供奉「弘法大師」，又是臺北遍路的出發點與終點，第1番靈山寺釋迦如來至今一直在臺北天后宮。臺灣遍路社群[3]也留意到此淵源，鼓勵有意遍路或已走過遍路者，到臺北天后宮拜訪「弘法大師」，等於是做為遍路的開始與結束。

民國一〇五年（二〇一六），臺灣遍路社群以「四國遍路復興」的名義，發起

註 3 例如臉書社群「四國遍路同好會」（https://www.facebook.com/gohenro/）、「四國遍路分享處」（https://www.facebook.com/groups/88shikokuhenro/）

在十一月二十一日弘法大師緣之日於臺北天后宮舉行「御影供」法會，四國靈場來臺主持法會者有22番平等寺副住職谷口真梁、79番天皇寺住職沼野圭翠，與臺灣高野山真言宗協會僧侶共同誦經。

此次法會進行前，廟方照例將「弘法大師」由側殿移到正殿媽祖前，滿足日本佛教儀式的需求。這場法會的特殊，在於發起者為臺灣遍路社群，而非歷年來為「弘法大師」開眼及舉辦法會的高野山金剛峯寺及東京別院。

法會當天適逢農曆十月二十二日，為萬華年度宗教盛事——艋舺大拜拜，[4]廟方在忙於參與繞境之餘，另外為「弘法大師」整理出儀式空間，而且過去廟方與平等寺等四國寺院並無往來，因此對「弘法大師」來說，這場來自四國的「禮

青山宮青山王聖誕是艋舺年度盛事。（王曉鈴攝）

臺北遍路的出發點第1番靈山寺釋迦如來。（王曉鈴攝）

註 4 農曆十月二十三日為青山王聖誕，艋舺青山宮於農曆十月二十一、二十一日進行暗訪，十月二十二日舉行繞境，俗稱艋舺大拜拜，臺北天后宮每年皆參與繞境。

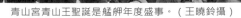

物」（法會）別具意義。

四國遍路邁向國際化的同時，西方研究者亦在這場法會上注意到了臺北天后宮與遍路的連結。

荷蘭籍遍路者Dennis Prooi發現，基於場地的用法，弘法寺做為遍路起點與終點的原始功能正在緩慢、但確實得到恢復，弘法寺的「弘法大師」在臺北天后宮獲得了第二生命，成為前往與返回朝聖者的燈塔（Dennis Prooi “The Taipei Tianhou-gong and the Shikoku Henro: A Place-based Approach”）。

在民國一〇五年（二〇一六）這場來自四國的法會後，隔年十一月，四國第79番天皇寺住職再度來臺，該次目的是到花蓮慶修院舉辦法會，但日僧也不忘來到臺北天后宮參拜「弘法大師」。

現今供奉於北投普濟寺的石佛。（王曉鈴攝）

北投鳳梨宅的第88番大窪寺藥師如來。（王曉鈴攝）

臺北遍路是四國的翻版，弘法寺是當時的起點與終點，隨著臺灣遍路者實力的成長，有意到四國走遍路或走過遍路的臺灣人，會特地來臺北天后宮參拜側殿的「弘法大師」，「臺北天后宮的弘法大師殿」儼然成為四國遍路新起點與終點。有趣的是，遍路者還有參拜天后宮主神媽祖，這使得媽祖無形當中也參與了遍路儀式。

而臺北遍路最後一番，即第88番大窪寺藥師如來，原安座在鐵真院（今北投普濟寺）。但今日寺內石佛並非藥師如來，且未刻番號、寺名與名稱，研判並非臺北新四國八十八所靈場系統。

真正的第88番石佛，近年被登山客發現位於北投鳳梨宅，由私人供奉。普濟寺提出從鳳梨宅迎回石佛的構想，目前尚未定案。

透過「弘法大師」與第1番石佛的實像，臺北天后宮（弘法寺）與臺北新四國八十八所靈場再啟連結，重新與遍路產生關係。第88番則藉由石佛回歸的構想為媒介，使得普濟寺（鐵真院）也具有與遍路聯繫的象徵意義。隱藏許久的臺北新四國八十八所靈場似乎正露出顯性的曙光。

第四節　一個石佛兩種解釋

從日本視角看石佛

日本人相信萬物有靈，存在八百萬諸神，崇拜自然界的一山一石。六世紀佛教傳入日本後，創造出各種石材雕刻而成的佛教造像，如地藏菩薩、觀音菩薩及不動明王等，佛寺、庭院、村落、街道與墓園皆可安置石佛。

有些日本佛寺以石佛群著稱，如京都愛宕念佛寺，別名「千二百羅漢の寺」，寺內約有一千兩百尊石羅漢像，皆是信徒懷抱著祈求愛宕念佛寺順利復興的心願所雕刻而成。

又如岩手縣二戶市天台寺近年增添許多可愛的豆地藏，是一名老信徒雕刻送給佛寺，他一尊尊的雕，目標是有生之年能達到一千尊。可見雕刻並供奉石佛的傳統，在日本延續至今。

石佛信仰扎根於日本人生活之中，日治時期傳到臺灣，形式之一是系列成組的石佛，分別是四國八十八所靈場、西國三十三觀音靈場的複製引進。引進石佛來臺的行為，皆是滿足離鄉後的宗教情懷。

佛像藝術傳統上分三類：一、如來，呈現高度理想化的形象，穿著僧袍。二、菩薩，以理想化的樣貌呈現，衣著尊貴，穿戴珠寶等飾物。三、脇侍人物，如僧人與神王力士等，呈現象徵性寫實形象（羅森福著，顏娟英譯《奈良大佛與重源肖像——日本中古時期佛教藝術的蛻變》）。

❶ 日本岩手天台寺豆地藏。（王曉鈴攝）
❷ 京都愛宕念佛寺以石佛群著稱。（王曉鈴攝）
❸ 日本香川善通寺石佛群。（王曉鈴攝）
❹ 日本鄉間常見的石雕地藏菩薩。（王曉鈴攝）

依此類別比對臺北遍路石佛，第一類是釋迦如來；第二類是千手觀音菩薩；第三類脇侍人物，是不動明王與「弘法大師」。從這一點可以看出，石佛的背後有佛教藝術家嚴格遵守尊格的區分，面對在臺日人的需求，複製本尊建造臺北新四國八十八所靈場，依舊守著規格化形式。

在臺日人出於自主性大費周章創立遍路，其目的一如四國遍路，是緬懷與學習弘法大師的宗教信仰旅行。正如伊利亞德所說，如果宗教人感受到必須無限仿效相同的典範行為與態度，這是因為他渴望且試圖活得更接近他的神（伊利亞德《聖與俗——宗教的本質》）。

臺北觀音山「西國三十三觀音靈場」第24番。（王曉鈴攝）

臺北觀音山「西國三十三觀音靈場」第27番。（王曉鈴攝）

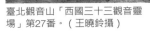

四國遍路需要四十多天時間走完，臺北遍路範圍小，只需四天，但苦行性象徵仍存在。可以說，臺北遍路者走在四國的模型，無疑都是仿效並親近「弘法大師」，精神上與行為上皆屬宗教範疇。

來看看當年日人如何描述臺北遍路。致力臺灣原住民傳說的西岡英夫（一八七九～一九五二）在《南瀛佛教》（一九三八）介紹四國遍路與臺灣清明節，提到兩者同樣在春天進行的儀式，都在風光明媚的郊外進行，並說起臺北建石佛參拜的事：

「當然也是模仿四國八十八所巡訪的活動，只是特別給一個名稱叫做『島四國』[5]。」

「三九郎」則是在臺北遍路設立九年後進行巡禮，透過他的記述，了解到許多儀式與四國遍路相同，例如穿白衣、頭戴寫著「同行二人」的斗笠、手持金剛杖，一路誦念「南無大師遍照金剛」，在石佛前誦經與御詠歌，沿途接受茶、飯糰的「御招待」，爬山雖然辛苦，對夜宿溫泉旅館感到期待。

「三九郎」描述，頭一天從第1番弘法寺出發，依序到西門町稻荷神社、新富町不動明王，之後跳號，就近參拜移至附近的第16番，再繼續依序到曹洞宗臺北別

註 5 今日的「島四國」，通常指在四國愛媛縣大島、香川縣小豆島等的八十八所靈場。

院、大正街公園。在三橋町（三板橋墓場）參拜第10番後，還到靈場發起人鎌野芳松墓前致意。當天最後到臨濟寺參拜第11到18番石佛，便解散回家。

第二天在臺北車站集合，搭火車至士林車站，走到芝山巖參拜第19到35番，再往草山走，沿途石佛依序立於路旁，參拜至第45番，晚上住在前山公園的溫泉旅館。

第三天往竹子湖方向出發，從第46番開始參拜，在60番的弘法寺草山別院吃午飯，接著往北投方向繼續參拜，最後到72番，夜宿星乃湯溫泉旅館。

可惜的是，第四天行程未見刊載或尚未被發現，無法得知最後如何進行。

無論如何，這些遍路文章描述的歷程與心境，其實都與四國遍路者相近。可以說，臺北遍路如同四國遍路，提供了一個非日常時空，呈現日人以苦行方式朝聖的相同本意。

臺灣共有多少尊日本石佛？

日治時期傳到臺灣系列成組的石佛，分別是四國八十八所靈場、西國三十三觀音靈場。前者全臺有兩組，分別在臺北與花蓮慶修院，各供奉八十八尊，若不把穿插其中、數量不明的弘法大師列入，起碼有一七六尊石佛。

後者在北臺灣有五組，包括宜蘭、臺北觀音山、基隆月眉山、新竹十八尖山、北投大慈寺，每組三十三尊，共計一六五尊。靈場石佛兩系統總計起來為三四一尊，數量頗多。

再加上日人引進的單一石佛，如普濟寺的湯守觀音、子安地藏，臨濟寺的地藏菩薩、聖觀自在菩薩等等，是寺方或信徒為特定理由而打造供奉，總數難以估計。

從臺灣視角看石佛

「在我五、六歲的時候，從芝山巖上來草山的路上都有石佛，初一、十五都會看到幾個日本和尚一路拜，拜到山上來，他們拿麻糬與日本銅錢來拜。我看到日本和尚來了，就會去躲起來等著。和尚一走，我就趕緊去吃麻糬、拿銅錢。對了，那時候還有空襲。」

上述為何A先生（一九四〇年次）童年往事，他世居北投，所謂的「日本和尚」是遍路者。時值二戰末期，偶有空襲[6]「初一、十五」應是何A先生對臺灣拜拜習俗的認知，而非日本人走遍路的真正日期。

透過他的口述，勾勒出一幅生動又可愛的臺北遍路畫面。日本遍路者沿途參拜誦經，尾隨一個嘴饞的囡仔。遍路者前腳來拜石佛，這囡仔後腳忙著拿走銅錢、吃光麻糬。遇到空襲時，就趕緊去躲藏。

小時候愛吃石佛麻糬的何A先生，在三十歲左右時眼見石佛被丟棄，心生不忍而拾回第64番石佛，慎重供奉。

「民國五、六十年，中山樓興建時，有人告訴我，看到（石佛）跟廢棄物一起

註 6 昭和二十年（一九四五）五月三十日，美軍發動「臺北大空襲」，臺北傷亡慘重。

被車載去溪底倒掉，我就想說去請回來。當時很多被丟，想要的人就會去撿回來。那時還有一尊『弘法大師』，比較重，我叔叔拿去。叔叔的房子賣掉時，石佛賣給別人，後來不知道下落。」

何A先生平常開著車在北投山區賣菜，三十多年前，曾有人想買石佛，向他開價四萬元，被他拒絕。「為什麼不賣呢？」何A先生直接了當的回答：

「我才不要，拿回來搬得要死。我請『佛祖』回來是要拜的，才不要賣。」

何A先生透露的意思是，請「佛祖」回家，為的是供奉，而不是用來賺錢。這是神聖性的神祇，不是有價的物件。

另一例為北投行義路溫泉旅館老老闆何B先生，請回第70番石佛供奉於溫泉旅館。據資深員工何C女士表示：

「老頭家受過日本教育，他提起想要請一尊石佛來拜，剛好我在自家附近（北投）有看過，跟老頭家說，然後幫他一起去請回來，就是現在旅館內這尊。」

上述兩名供奉石佛的老者，同樣世居北投，生於日治時期，兒時看過遍路者，透過觀察遍路者儀式化且苦行性的朝聖方式，體會到石佛的神聖性，不需要用文字或制度化去學習何謂遍路與石佛，從小的潛移默化，對石佛的情感是存在的，當他們有能力可以供奉石佛時，便刻意去尋找並請回供奉，這是歷史記憶常見的現象。

賣菜的何A先生拾回石佛供奉，精心佈置小祠；開溫泉會館的何B先生則是在自家旅館內，選擇視野最好的地點，做了高高的檯子供奉石佛。他們美化小祠、選擇心目中絕佳的地點供奉，從宗教生活經驗中對石佛表達敬意，彰顯神祇靈驗。

石佛在北投民間轉為家神、行業神或社區守護神，臺灣信仰者創造新生，使得日本石佛產生民間信仰性格。原本的遍路本相，已經被選擇性的淡化與改造。

北投居民的供奉石佛，其實還反映出宗教信仰與社會變遷的步調息息相關。臺北遍路涵括臺北盆地的都會區與北投山區。都會區變動快速，居民背景複雜，所以石佛僅能留在臺北天后宮、臨濟寺等原本就具有靈場背景的寺廟。

反之，相對閉塞的山區裡，居民流動性小，石佛較能被保留與供奉。這種宗教信仰與社會變遷的關聯，從單一神像還看不出差異，臺北遍路因地域廣，又有八十八尊石佛之多，呈現豐富多變的樣貌。

＊＊＊

日人在臺北打造四國八十八所靈場，並且以遍路形式進行朝聖儀式，是基於傳統的信仰複製。

相反的，臺灣人戰後將日本石佛本土化，變相成為在地神祇，在信仰上展現富有活力與擅長融合的一面，由不同的供奉者參與創造。

一百年前以石佛構成的遍路模型雖有變化，但基本尚在。臺北天后宮仍擁有「弘法大師」與第1番石佛的實像，普濟寺則有意迎回第88番石佛，這使得四國八十八所靈場與臺北若即若離，仍有牽絆。

此外，臺北與花蓮慶修院同為四國遍路的複製，過去兩者似乎無交集，近年由於臺灣遍路者的積極行動，邀請四國寺院日僧先後在臺北天后宮與花蓮慶修院舉辦法會，未來是否產生連結模式，後續可期。

今日，走在四國路上的臺灣遍路者人數漸增，當他們知道臺北曾有遍路，對第1番所在及供奉「弘法大師」的臺北天后宮產生情感連結。遍路用身體苦行的感官體驗，加上心靈體會的宗教情懷，這樣的靈修性質，日本人與臺灣人在不同時代的反應，具有一致性。

【到本山去旅行：四國遍路】

十多年前，正值日本四國大力對臺推廣觀光，我正好搭上這波熱潮去採訪，在此之前我壓根沒聽說過「遍路」。

我還記得，初抵達四國坐上採訪車，看到窗外不斷倒帶出現穿著白衣、戴著斗笠、手拿枴杖的人們，他們是誰？為什麼要走？到底要走去哪裡？那幅帶著神秘又聖潔的畫面，從穿著到行走都具有宗教儀式感，讓我對四國的第一印象好極了。

透過在地人解說，初步了解遍路就是「四國的一條朝聖路徑，要走四十多天，拜遍八十八間寺廟。」「走遍路隨時都可能死，所以穿死者白衣可以直接埋葬，手上的金剛杖就拿來當墓碑。」「走一趟遍路是體力的考驗，要放下工作、家人與日常生活，需要決心。」這番

四國遍路者身上白衣有「南無大師遍照金剛」字樣。（王曉鈴攝）

解釋，讓我對遍路者心生景仰，肅然起敬。

當晚下榻在溫泉旅館，同時入住的是一個遍路團體，他們參加旅行團朝聖，是一種近代興起的遍路方式，遊覽車就直接停在旅館門口，讓年長遍路者少走一步是一步。白天朝聖的長輩們，晚上換下白衣變成凡人，跟我品嚐同樣的會席料理，也跟我一同泡在大眾浴池裡。

這樣的朝聖行程兼具身心療癒，雖然有人計較缺乏苦行，算不上遍路，但在體力能耐內各走各的遍路，也無關對錯吧。

第二天，在第28番高知大日寺遇到一對上班族打扮的情侶，他們分別從東京與大阪調來四國工作，在四國結識相戀，兩人都對遍路感興趣，就用遍路來約會，只要得閒，就一同到處參拜遍路中的寺院。

他們帶著納經帳慢慢蒐集八十八間寺院的墨書與朱印，祈禱愛情順利與身體健康，同時遊覽四國風光、品嘗美食。可愛的吉田小姐還在納經帳上塗鴉，用插畫描繪心得，令人訝異的是，吉田小姐其實是基督徒呢！

原來如此，一條朝聖之路能用不同方式體驗，並且張開雙臂歡迎各種信仰的人們。即使有觀光化趨勢，神聖靈修性質並未消失，我在跟團的阿公阿嬤與遍路情侶臉上，看見他們滿足的笑容。

遍路上的八十八間寺院都與弘法大師有淵源，各有特色與故事，有的隱藏在山中，有的在海岸線或河畔。我還未走過遍路，就造訪過的幾間寺院中，有兩間讓我留下最深印象。

「遍路之南」的第38番金剛福寺，位在四國最南端的高知縣足摺岬，從第37番岩本寺到此，大約要走一百公里，是遍路裡最長的一段距離。

金剛福寺主祀千手觀世音菩薩，當地崇敬海龜，寺內外都有海龜塑像。傳說弘法大師來到足摺岬無法繼續前行，此時出現一隻大海龜，載著大師到對面的岩石修行，這龜後來被稱作「大師龜」，而大師召喚海龜的地點稱做「龜呼場」。當地人說，可以向大海呼喊龜先生（お亀さ——ん），誠意夠的話，大師龜或許會出現。

當地流傳的「足摺七不思議」，龜呼場是其一。當然，不可思議的事通常都與弘法大師有關。

遍路上最有背景的第75番善通寺，是弘法大師出生地，位在香川縣，古稱讚岐，與高野山金剛峰寺、京都東寺並稱三大弘法大師靈場。

西元七七四年，讚岐當地豪族佐伯家族，誕生了一位神奇的孩子，是天才兒童，漢學造詣很好，大學讀到一半出了家，法號空海，日後的弘法大師。八〇六年他的誕生地蓋了善通寺，主尊藥師如來，寺名來自其父佐伯善通，是遍路八十八間寺院中最大的一間。

善通寺內有佐伯祖廟、弘法大師「產湯之御水」遺址；御影堂可體驗「戒壇繞行」，穿過地下一條無光之道，能聽見復原弘法大師真人聲音的呼喚。善通寺所在的城市稱「善通寺市」，當地的車站稱「善通寺站」，公車叫「空海號」。在遍路上同行二人，弘法大師如影隨形，在善通寺更能感到大師的無所不在。

善通寺是弘法大師出生地。（王曉鈴攝）

遍路者隨著小紅人而走。（王曉鈴攝）

遍路者準備納經帳蒐集墨書與朱印。（王曉鈴攝）

金剛福寺有大師龜傳說。（王曉鈴攝）

第4章 日本諸神在臺的新神話

原以為這是日本佛教諸神以身相守，具象留在臺灣守護臺灣人的故事。開展到後來，我發現的結果反而是重視歷史情感的臺灣人，成了日本諸神的守護者，表現臺灣民間對信仰的包容與變通。與此同時，政權移轉的宗教在國際視野下重返原地。

諸神的角色扮演

日本佛教於日治時期傳入臺灣五十年，在布教與弘法的實踐上有具體成績，使得臺灣佛教呈現與清治時期不同的樣貌。至戰後日僧離臺，日本佛教如巢空鳥跡水波紋，痕跡消逝。然而，事實真如此嗎？

透過臺北天后宮「弘法大師」、北投普濟寺湯守觀音，及臺北新四國八十八所靈場石佛群的現況，得知雖然布教停擺，日本佛教並沒有全然抹去，轉為隱存於臺灣佛教與民間信仰中，精彩轉身。

現今這些日本諸神，在臺灣有哪些不同角色扮演呢？

首先，「弘法大師」原是弘法寺主尊，於臺北天后宮時代變成陪祀。在日本僧團來天后宮的特殊時機，「弘法大師」得以移到正殿媽祖的前方，成為儀式主角，獲得專門為祂舉辦的法會（禮物）。

湯守觀音平常隱身，只在一年一度見面會顯露具象，當天，信徒能見到傾瀉瓶中水的觀音尊像，提醒著湯守觀音的本相，庇佑北投泉源不絕的原意。民國一〇八年（二〇一九）年底，寺方決議不再辦見面會，翌年複刻兩尊湯守觀音，一尊於普濟寺公開供奉，一尊展示於北投溫泉博物館；臺北溫泉季也開始以北投湯守觀音作為觀光意象之一。可以說，平常隱藏的神祇具象，在活動彰顯，又恢復了「湯守」的內涵。

臺北新四國八十八所靈場石佛數量多，情況多元複雜，部分被民間供奉者在地化的積極使用，成為家神、行業神、社區神，施展不同類型的靈驗能力。仍位於臺北天后宮的第1番石佛，在四國寺院日僧來到臺北遍路起點為「弘法大師」辦法會，以及遍路者參拜之時，某種意義上也喚起祂的臺北遍路靈魂。

回到開始時提出的議題，日本諸神在臺是否留下刻劃標誌與信仰標準化？以第1至3章個別得出的論點：

「弘法大師」在戰前是日本佛教宗師，戰後是媽祖廟裡會託夢的靈驗神祇。

湯守觀音擴大守護的範圍與族群，不侷限於溫泉與北投地區的發展，由地方神祇轉化為普世信仰的全能觀音。

臺北新四國八十八所靈場體驗遍路的功能消失，卻在現實上形成北投石佛信仰文化。

祂們共同特徵是以神像為媒介，讓臺灣信徒生動體會到諸神的靈驗——這是民間對信仰最重要的訴求。經過百年磨合，日本諸神認同所屬地域與族群，隨著供奉者的需求與利益，繼續產生新神話、創造新神職，且尚在進行演化中。

誰守護了誰？

以上探討，得到反覆確認的事實，日治時期的日本佛教對臺灣信仰具有現實意義，這現實反映在諸神的具象。

日本殖民臺灣之所以帶來日本佛教，源自日人的信仰，也有殖民統治者對宗教力量的期望，更重要的是對靈性的需求。從「弘法大師」、湯守觀音與石佛的供奉設立，皆可發現信仰的精神層面意義，超越了日人鄉愁的解釋。

當諸神被賦予雕像供奉時，祂們也被定著於此地，具備人格化與地方化。人格化過程使神像擁有了加入信徒生活的能力，通過與信徒的互動，神祇力量得到了增強，獲得祂的獨特性（林瑋嬪 "Materializing Magic Power: Chinese Popular Religion in Villages and Cities." ）。本土化則使得日本諸神的內涵轉變，部分被包容入臺灣民間信仰，與臺灣族群緊密的連結，被包容接納。

例如，天后宮媽祖信徒因為一個象徵靈驗的夢，接納「弘法大師」；當日僧為「弘法大師」辦法會時，廟方移動祂到正殿。如此表現，是懷抱宗教感彰顯神聖的行為。

又如一度消失成謎的湯守觀音，藏於普濟寺牆內，祂的隱身，可說是寺方與知情信眾默默守護祂的方式。

最生動的例子是石佛，北投民眾從溝裡、溪底拾回石佛，建小祠供奉並修復裝飾，自力維護石佛的神聖，不願為了錢出賣石佛。對他們而言，石佛屬於無形的、超越的精神象徵。

這裡的人神關係建構於供奉者主觀的歷史情感與宗教經驗。

從民間信仰的角度看，人的承認對神的靈力具有關鍵意義。藉由臺灣信眾的承認，使得日本諸神繼續顯現靈力，這是循環關係；又因為神祇的具象猶在臺灣，日僧重返寺廟為神祇誦經、生產靈力，亦是一種循環關係。韓森（Valerie Hansen）指出，循環關係是諸神與人的依賴關係所導致（韓森著，包偉民譯《變遷之神：南宋時期的民間信仰》）。

日本諸神留在臺灣，臺灣信眾相信有靈，受到祂們庇佑，回過頭守護日本諸神，這段人神關係環環相扣。

重返原地

戰後日僧中斷在臺布教事業，在弘法寺與鐵真院的例子中，日本住持將寺院留給臺籍僧人，而來臺的國民政府依敵產處理原則接收日人各類機構，包括了寺產。同時，戰後的臺灣佛教轉向中國佛教學習，稀釋了日本佛教對臺的影響。這些事例隨政權更迭，在歷史洪流中不斷循環。前政權留下的宗教信仰，受到下一個政權力量的影響與壓制有多大，尚有許多追尋空間。

此外，臺灣民間將「弘法大師」、湯守觀音與石佛的信仰本土化，日本諸神在臺灣的這些轉折，對臺灣的信仰世界是否具有啟迪意義？日本佛教與臺灣信仰的交涉是否產生了框架？亦是有趣的延伸。

日本移植來臺的靈場系統，四國八十八所靈場之外，另有西國三十三觀音靈場。民國九十年（二〇〇一）仿效後者在臺灣設立了「臺灣三十三觀音靈場」，成立緣由是基於妙心寺派東海宜誠（一八九二～二〇〇一）與臺灣佛教的關係，由高雄光德寺淨心法師、東海亮道（東海宜誠弟子）主導，以與東海宜誠有因緣的寺院為核心，供奉同一尊新創的「孝養觀音」。三十三間寺院廣佈臺灣北中南，其中六間寺院位在臺北市，包括臨濟寺、十普寺、金龍寺、慈悟寺、報恩寺與昭明寺等（闞正宗《臺灣觀音信仰的「本土」與「外來」》）。臺灣三十三觀音靈場已脫離過去的信仰移植，創造出新的具象與意義。

我們可以看到，在日本佛教諸神與臺灣信眾產生循環關係的同時，日僧來臺北天后宮為「弘法大師」舉辦法會，京都妙心寺與北投普濟寺締結友好，四國遍

高雄光德寺孝養觀音。（王曉鈴攝）

路者在臺尋找在地精神上的起點與終點，以及基於舊關係而新創立的臺灣三十三觀音靈場。一個焦點儼然形成：政權移轉的宗教，在國際視野下正重返原地。

創建於1927年的高雄光德寺，環境清幽。（王曉鈴攝）

位於高雄大岡山的超峰寺，是臺灣三十三觀音靈場之一。（王曉鈴攝）

第5章

在臺的日本佛寺大觀園

作為青少年流行指標的臺北西門町，現今潮店、各國餐飲與電影院林立，但假如穿越時空到百年前的臺北城西門外，會發現日本人將這一帶的荒地開發為商業休閒區之後，除了娛樂設施，也帶來宗教的新氣象。

許多來臺布教的日本佛教宗派，來到西門町這塊新興之地落腳，蓋起了寺院，形式規模各異，有密教形式的弘法寺、中古印度風格的東本願寺，也有典雅小巧的法華寺、全臺最大的日式佛寺西本願寺。其中穿插了佛寺之外的風景，稻荷神社也成為遍路巡禮一站。

遠一點的東門附近，有沉穩的曹洞宗大本山臺灣別院，院內混搭了一座閩南式的觀音禪堂。臺北車站附近，有日後成為善導寺的淨土宗臺北開教院。搭上了淡水線火車，會經過圓山的臨濟護國禪寺。搭到北投泡溫泉，可以參拜湯守觀音與不動明王石窟……。那時候的臺北像是日本佛寺大觀園，充滿各種風格的寺院建築與跨海而來的諸神。

臺北之外，日本諸神遍布臺灣南北各地，遠及澎湖，更隨著日本移民腳步到東臺灣。以下介紹的寺院主要以臺北市為範圍，並帶入花蓮、澎湖兩寺廟做為代表。

臨濟護國禪寺

現址：臺北市中山區玉門街9號

搭捷運淡水線經過圓山站，一座壯觀沉穩的木造佛寺盡收眼底，這是臨濟護國禪寺（以下稱臨濟寺）歇山重簷的日式本堂，與臺灣傳統寺廟的殿堂型伽藍形態不同。捷運上短短幾秒的交會，見證了臺日佛教交涉百年的淵源流轉，貼近著臺北人的生活。

臨濟寺為臨濟宗妙心寺派在臺灣的根本道場，創建於明治三十三年（一九〇〇），開山住持為梅山玄秀（一八五八～一九二〇），時任臺灣總督的兒玉源太郎（一八五二～一九〇六）為該寺命名「鎮南山臨濟護國禪寺」。兒玉總督時期（一八九八～一九〇六），臺灣尚處於政治社會動盪不安，他將殖民統治寄望於佛教的宗教力量，「鎮南」意味將臺灣視為進入中國南方的跳板，「護國」是指當時的大日本帝國，是臺灣唯一官方冠以護國之名的寺院。

大正元年（一九一二）禪寺落成，翌年入佛式，原格局宏整，包括了鐘樓山門、法堂、大雄寶殿及附屬方丈堂。

1912年鐵道淡水線與臨濟寺。
（取自《鎮南紀念帖》，國立臺灣圖書館藏）

二戰後，日僧離臺，臨濟寺一度轉作軍事用地，佛寺內紮營架、設高射砲，在一九五九年鼓山泉湧寺盛滿法師（一九一九～二〇〇九）擔任住持後，逐漸回復佛寺面貌。今日大雄寶殿保存完好，為全臺保留日治時期木構建築最大型的佛寺，鐘樓山門建築屬於日本江戶時期風格，兩者已列市定古蹟。大雄寶殿旁古鐘，上有梅山玄秀所撰之鐘銘。二〇〇七年整修大雄寶殿，特別向日本訂製仿作黑瓦與筒瓦，

近代的捷運淡水線與臨濟寺。（王曉鈴攝）

2018年梅山玄秀百年遠諱紀念，靈雲院國際禪交流友好協會來臨濟寺辦法會。（王曉鈴攝）

並取宜蘭棲蘭檜木修復完成。

往後山走，開山住持塔、地藏菩薩像、聖觀自在菩薩像、石佛等亦具歷史文物價值。

開山住持塔即「得菴秀大和尚塔」，是為了紀念梅山玄秀，他是臨濟寺第一任住持，也是任職最久者，在臺布教長達十四年以上（一八九九～一九一四）。二〇一八年八月三十一日，梅山玄秀一百年遠諱紀念，京都妙心寺靈雲院住持則竹秀南率領靈雲院國際禪交流友好協會，前來臨濟寺舉辦法會，由日本宗教領袖有馬賴底法師以導師身份主持日式法會，隨後進行臺式法會。

那一天，則竹秀南法師站在百年前由日本匠師建造、臺灣檜木所建的大殿之

臨濟寺鐘樓山門。（王曉鈴攝）

第75番善通寺藥師如來。（王曉鈴攝）

第16番觀音寺千手觀世音菩薩。（王曉鈴攝）

中，感歎地轉述梅山玄秀回日之後，念及在臺時光所說的話：「在臺灣得到眾人愛護，令我感到親近。」

這位在臺布教多年、與臺灣親近的開山住持，塔位與兒玉源太郎髮塔、歷任日本住持的共同塔碑「聯芳塔」，三塔並列在後山，相互陪伴，一同見證臨濟寺的今昔。

塔的另一邊，安置了十尊石佛，其中九尊為臺北新四國八十八所靈場的石佛。

大正十四年（一九二五）創設之初，在臨濟寺設置第11至14番石佛，共四尊。遍路者「三九郎」（一九三四）進行遍路時參拜了七尊石佛，增加了第15、17、18番，是從鄰近的忠魂堂移來。

今日的臨濟寺，安置第11番、12番、13番、16番、18番、75番、78番、79番與80番。歷經百年，石佛或消失或新增，原因不明，總之數量是追加了，是保留最多臺北遍路石佛之處。想來是佛寺，又具有日本身世，能好好安置祂們。

有三尊石佛可特別一提。第11番石佛從創設之初便安置於此，始終未曾變動。在四國遍路上，11番藤井寺的宗派正是臨濟宗妙心寺派，當年將第11番設於臨濟寺

曹洞宗大本山臺灣別院。（取自《臺灣社寺宗教要覽》，林錫慶，1933，國立臺灣圖書館藏）

是刻意還是巧合，已無從得知。

第16番石佛則異動不斷，最初設在忠魂堂，日治時期獨獨被遷到臺北城東南方，御園村（錦町）入口的曹洞宗東門別院出張所，日後又回到圓山。

而第75番之所以特別，是因為75番在四國遍路為善通寺，善通寺正是弘法大師的出生地，沒有弘法大師就沒有遍路，因此特別引起我的注意。75番石佛原設於北投，想來是戰後受到某人保護，從北投遷來臨濟寺安置。

曹洞宗別院

現址：臺北市中正區仁愛路一段21之33號

臺北市車水馬龍的仁愛路上，青少年育樂中心旁，有一座顯目的日式鐘樓，型態沉穩，為曹洞宗在日治時期在臺留下的遺跡，它是「曹洞宗大本山臺灣別院」的鐘樓山門。

明治四十一年（一九〇八），曹洞宗在臺北城東門「景福門」外建起寺院，兩年後落成，遭颱風吹毀，大正十二年（一九二三）完成「曹洞宗大本山臺灣別院」日式禪寺本堂的重建。鐘樓山門為一九三〇年改建，屋頂為單簷式歇山，闢拱門看似城門。

特別的是，曹洞宗別院在右側另建一座「觀音禪堂」，使用的是臺灣人熟悉的閩南式三合院建築，專門給臺籍信徒禮佛，與日式禪寺併存於同一間寺院內。

曹洞宗與臨濟宗同屬禪宗系統，與臺灣本土佛教性質接近，加上積極布教，臺籍信徒人數頗多，從特地另建觀音禪堂來看，顯然曹洞宗對臺灣人的布教確實下了很大功夫。

大正五年（一九一六），曹洞宗在禪寺附設佛教學校，隔年「私立臺灣佛教中學林」開校，提供臺籍僧侶與齋友子弟就學之用，與臨濟宗的鎮南學林為當時臺灣佛教界的兩大教育機構。大正十一年（一九二二）收併鎮南學林，改校名「私立曹洞宗臺灣中學林」，今泰北中學前身。

戰後，日式禪寺遭住戶長期佔用搭違建，繼而被北市府拆除，另建青少年育樂

東和禪寺為原觀音禪堂。（王曉鈴攝）

中心，閩南式的觀音禪堂則被保留下來，與鐘樓一同列入市定古蹟。當時發生一則插曲，由於觀音禪堂戰後改名「東和禪寺」，官方在過去的資料與古蹟解說中，一直將鐘樓誤稱「東和禪寺鐘樓」，直到二〇一二年才改回「曹洞宗大本山臺灣別院鐘樓」。

曹洞宗別院曾是臺北新四國八十八所靈場的一站，設置第6番設於此寺院，可惜今日不見蹤跡。

在四國遍路上，第6番為德島縣溫泉山安樂寺，主尊為藥師如來。因此，假如今日第6番石佛尚存，祂的樣貌將會是藥師如來，且刻有「6番安樂寺」字樣。

據遍路者「三九郎」（一九三四）描述，他在曹洞宗別院參拜第6番石佛，接受寺院的茶水接待，並在此用午餐。可能該寺院環境舒適，遍路者能夠放鬆休息，「三九郎」在這裡有一段有趣的對話，他跟同行的71歲老太太聊天，老太太提及今早從基隆來參加行程，雖然兒子說危險，叫她不要來，但老太太認為跟「弘法大師」同行，沒什麼好擔心的。

近代保持原貌的曹洞宗別院鐘樓。（王曉鈴攝）

老太太透露出基隆臺北當天往返，在當時已是家常便飯；走遍路並不孤單，而是「兩人同行」，是跟著「弘法大師」走朝聖之路。老太太所言，代表著懷抱宗教情懷的遍路者所持信念，從日本四國到臺北皆然。

善導寺

現址：臺北市中正區忠孝東路一段23號

臺北捷運板南線其中一站為「善導寺」，每天經過並聽到此站名廣播，是許多臺北通勤族的日常，但或許不知道此站名的前世今生。

日本淨土宗來臺初期，輾轉多地後，將布教所設在圓山忠魂堂，那是在明治四十一年（一九〇八）之時。忠魂堂位在圓山公園旁，供奉在臺過世的北白川宮能久親王（一八四七～一八九五）與日本軍人。

昭和四年（一九二九），淨土宗總本山知恩院在臺北樺山町設立的別院竣工，便將布教所移至新寺院，名「淨土宗臺北開教院」。

戰後，淨土宗臺北開教院由臺北市政府教育局接收，一九四八年交由李子寬居士（一八八二～一九七三）接管，一九五四年更名「淨土宗善導寺」。據《臺北市志》（一九八八）所述，因中國佛教會設立於此，成為全國佛教中樞，佛教重大活動皆在善導寺舉行。一九九八年改為現在所見的高樓型大雄寶殿。

就像真言宗「弘法寺」（今臺北天后宮）以開山祖師弘法大師為寺名，「善導寺」寺名同樣來自佛教大師——唐代高僧善導（六一三～六八一）。

善導大師為淨土法門集大成者，世稱「彌陀化身」，每念佛一聲便有一道光明從口出，因此稱「光明和尚」。以稱名念佛來勸化世人，其宗旨與思想為「本願稱名，凡夫入報」，亦即願生極樂，只要念佛，乘佛願力，必得往生，其弘揚的淨土法門對後世影響極大。

日本高僧法然上人（源空，一一三三～一二一二），受到善導大師著作《觀無量壽經疏》的影響，依其宗義開創日本淨土宗，著有《選擇本願念佛集》。淨土宗於日治時期來臺布教，所建的淨土宗臺北開教院，即今日善導寺。

附帶一提，幾年前當地居民曾抗議以「善導寺」為站名，認為寺名讓人聯想到靈骨塔。後來臺北捷運增加副站名「華山」，其名取自鄰近的華山市場、華山文創園區等。而「華山」一詞，來自舊地名「樺山町」，為紀念首任臺灣總督樺山資紀（一八三七～一九二二）。戰後為去日本化，將樺改為華。

西本願寺

現址：臺北市萬華區中華路一段174-1號

臺北西門外曾有西本願寺、東本願寺，距離近，名稱也類似，很容易混淆。就方位而言，西本願寺反而比較偏東呢！為理解本願寺為何有東有西，必須先從它們的日本大本山說明。

在善導寺一文提及，法然上人受到唐代善導大師影響，開創日本淨土宗。法然的弟子親鸞上人（一一七三～一二六三）繼之開創淨土真宗，親鸞過世後，後人於一二七二年在東山大谷建廟所「本願寺」，為最初的本山。「本願」的意思是，一切眾生若依賴阿彌陀如來之本願力，即可獲得救度，得往生西方極樂淨土。

經歷多次戰亂遷徙，到了織田信長年代，淨土真宗本願寺勢力足以威脅諸侯大名，雙方兵刃相見，第11世顯如與織田信長談和，接受豐臣秀吉獻地，一五九一年於京都建本願寺，正式名稱為龍谷山本願寺，由三子准如繼承，宗派為「真宗本願

西本願寺本堂。（取自《真宗本派本願寺臺灣開教史》，芝原玄超，1935年，國立臺灣圖書館藏）

寺派」。

另一派長子教如，則得到德川家康支持，於一六〇二年建寺，正式名稱為真宗本廟。因在本願寺的東方，故被稱為「東本願寺」，宗派為「真宗大谷派」。先建好的本願寺，就相對被稱「西本願寺」了。

有趣的是，京都人暱稱西本願寺為「御西桑」（お西さん），東邊的就叫「御東桑」（お東さん），西本願寺還直接在官網醒目位置秀出「お西さん」，可以感受到寺院與在地人之間的親密度。

日治時期，兩寺分別來臺布教，延續本山名字，「御西桑」建的稱西本願寺，「御東桑」建的稱東本願寺，但其實西本願寺位置反而偏東。於是在臺北這個布教大舞台，就出現了西邊的東本願寺、東邊的西本願寺。

建在今日中華路旁的西本願寺，正式名稱為「淨土真宗本願寺派臺灣別院」，昭和五年（一九三〇）開工的本堂，翌年

今西本願寺遺址，1930年建造的本堂僅剩臺座與階梯。（王曉鈴攝）

位於假山的西本願寺鐘樓。（王曉鈴攝）

竣工，為當時臺北乃至臺灣最大的日式佛寺。

試著想像走進昔日的西本願寺，從中華路上的山門進入，走在整齊的鋪石參道上，左手邊是假山上的鐘樓，往右看是庫裡，後方還有住持或僧人居住的日式宿舍輪番所。參道盡頭，是座落於一層樓高臺基的本堂，相伴於側的是廟所，上頭頂著精緻的九重相輪。境內平日作為幼稚園，假日是喪禮與聚會場所的樹心會館，有時孩童上課嬉戲喧嘩，有時誦經聲在寺裡迴盪。整體來說，是一座具有多元功能的寺院。

戰後，西本願寺成為中華理教總會與許多臨時住宅的違建。一九七五年遭祝融，木造的本堂僅存臺座，另有地窖臺座、參道、鐘樓、樹心會館、輪番所等殘跡，今設為西本願寺廣場，只能從遺跡遙想當年規模。

原東本願寺

現址：台北市萬華區西寧南路36號（今獅子林大樓）

真宗大谷派位在京都的本山東本願寺，自一六〇二年建寺以來發生過四次大火，因此除了綽號「御東桑」外，京都人也揶揄它是「火出し本願寺」（失火的本願寺）。現在到東本願寺所見的建物，大多是明治時代重建。相對的，西本願寺從江戶初期一直保存原貌至今，還被列名世界遺產。

真宗大谷派來臺布教多年後，好不容易昭和三年（一九二八）在臺北建好東本願寺，僅僅啟用了兩年，同樣遭遇祝融，只好重建。

重建的東本願寺於昭和十一年（一九三六）竣工，正式名稱「真宗大谷派臺北別院」，建築風格不走和風，採獨特的中古印度式風格，中間圓頂，兩側有高塔，倘若今日還在的話，想必也是一棟話題建築。

充滿印度風格的東本願寺實在太前衛了，與傳統日本與臺灣佛寺的外觀大異其趣，不會讓人直接聯想到佛寺，或許因而造成日後的命運坎坷。二戰後，先是成為特務機關，臺灣省警備總司令

東本願寺。（取自《南瀛佛教》第15卷1號，南瀛佛教會，1937，國立臺灣圖書館藏）

部保安處在此收容二二八事件與白色恐怖政治犯，一九六〇年代出售給民間，拆掉改建為獅子林商業大樓與停車場等。

西門町附近有四所舊日本寺院（弘法寺、法華寺、西本願寺、東本願寺），從現況來說，東本願寺是戰後唯一與宗教沒有任何關聯的地方（松金公正〈戰後的真宗大谷派臺北別院：日本佛教在臺灣的印象形成〉）。東本願寺真正作為佛寺只有大約十年，作為特務機關的時間反而更久。

值得留意的是，東本願寺收

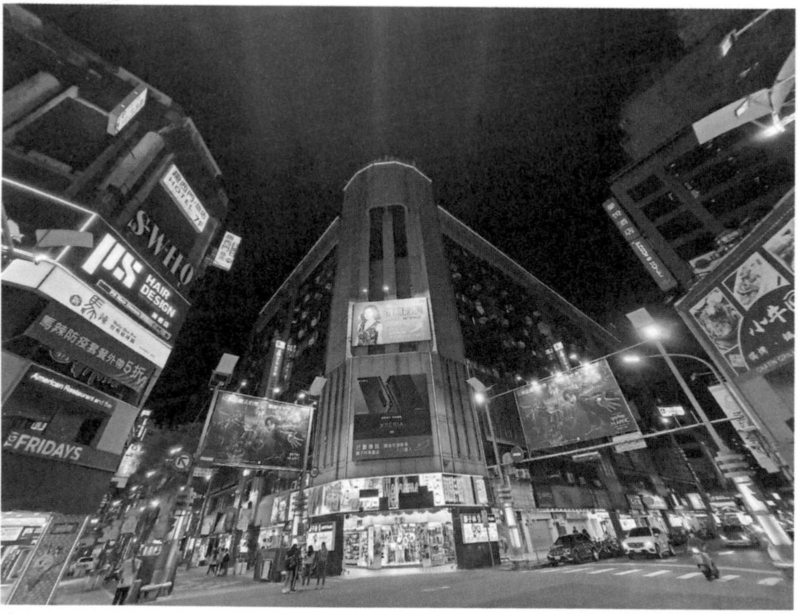

今日臺北西門町的獅子林大樓。（王曉鈴攝）

容政治犯的時期，尚未改建。它雖是佛寺，卻沒有行宗教功能之實，甚至有迫害人權的行為，造成神聖空間的形象衝突。

今日西門町到處都是時髦的各國美食餐廳，我若跟友人吃飯敘舊，偶爾會來老字號餐廳金獅樓，先點好一壺茶，等待餐廳阿姨推車經過，就精挑細選想吃的港點。金獅樓就位於獅子林大樓之上，誰能想到這人聲喧嘩的美食天堂，前身居然是莊嚴的日本佛寺，甚至曾是特務機關所在！

臺北法華寺

現址：臺北市萬華區西寧南路194號

西寧南路上隱藏一座充滿日本色彩的「臺北法華寺」，附近在日治時期叫若竹町，為日人生活居所，以前大多是矮房，因此不會感到法華寺特別古老。這幾年周邊都長高了，陸續蓋起家樂福及高樓大廈，法華寺在新生代巨人包圍下，反突顯出它的古樸了。

法華寺門口最搶眼的是一塊立於昭和五年（一九三〇）的大石，刻有「南無妙法蓮華經」七字，凡寺院外立有此石，便知與日蓮宗有關聯，有必要先理解何謂

「法華」與「日蓮」。

日蓮上人（一二二二～一二八二）為日本日蓮宗的開宗祖師。提到日蓮，「法難」與「蒙古來襲」的印象就會浮上腦海，日蓮以法華信仰為軸，提倡稱誦《南無妙法蓮華經》。他認為世人捨棄正法《法華經》，將引發「他國侵逼」等大災難，日後確實發生蒙古軍侵襲日本的戰爭（一二七四和一二八一年），預言的實現，加深日蓮專持《法華經》的信心，即使多次招惹來攸關生死的法難，險遭行刑砍頭、被襲擊、被流放，他仍堅定的布教。有人說，「日蓮的一生，就是由法難所串起。」

他晚年被流放的佐渡島，我從前去過，也在佐渡頭一次聽說日蓮的事蹟。佐渡位置偏遠，即使現代搭船，從新瀉出發仍需兩個小時。時值初夏，也能感受到佐渡的涼意，想必冬季相當嚴寒。

儘管在佐渡嘗盡苦楚，日蓮的信念沒有絲毫動搖，持續說法弘教。島上留有許多日蓮遺跡與傳說，據說日蓮搭船渡海時，向旭日合掌，波浪間居然浮現出「南無妙法蓮華經」七字。

理解到日蓮上人對《法華經》的重視，以及他一生為堅持法華信仰所受的磨難，之後在臺北法華寺再見到「南無妙法蓮華經」石碑，就格外另眼相看了。

日蓮宗傳入臺灣始於明治二十九年（一八九六），原在臺北新起橫町設立布教所，明治三十二年（一八九九）遷到若竹町建南海山法華寺，本堂建於大正九年（一九二〇），為日蓮宗在臺布教中心。據《臺北市志》（一九八八）記載，該寺為一九一〇年所建。

現在寺內留有日式大鼓與磬，上頭皆有前住持「岡田榮源」字樣。岡田榮源（一八九三〜一九四三）為日本日蓮宗在臺之開教司監，幼入岡山妙興寺學佛，大正十四年（一九二二）受任命為日蓮宗臺灣開教司監，並升為大僧都之階位，駐若竹町法華寺，此後二十年間在臺主持日蓮宗傳教工作。

日蓮宗布教所。（取自《臺北寫真帖》，成田武司，1911，國立臺灣圖書館藏）

二戰後的臺北法華寺仍為佛寺，即使經過整修，基本上仍保持原寺名與原貌，被認為是臺灣現存最古老的日式佛寺，走進寺裡，猶能發現許多日本古物，並感受和式寺院的寂靜氛圍。

從山門進去便是石坂參道，參道起點立著「百度石」，是目前臺北市發現的唯一的百度石。百度石在日本寺廟很常見，不限佛寺或神道教神社，通常是一塊立起的大石，有的只簡單刻上「百度石」三字，它被當作參拜的起點，以百度石為準，前往主殿往返百次才算完滿，參拜者以小石子或錢幣計算往返次數。

法華寺於昭和十三年（一九三八）建立的百度石，做得精巧，上頭有用來計算次數的活動金屬片。頂端有缺損一角，據說是二戰末期遭空襲受損，迄今未修復。

原為日蓮宗的法華寺，戰後改為淨土宗，全名「財團法人臺北市法華寺」，主祀三寶佛，並供奉妙見菩薩、不動明王等神祇於側。在大門與屋頂鬼瓦上，可以見到一個特殊的圖案，井字內一顆帶有葉子的橘子，正是日蓮宗的宗紋「井桁に橘」。即使近年經過整修，寺方盡力保持原狀，讓我們得見百年前的日本佛寺風采。

寺內留存日蓮宗日本信徒的骨灰，偶有後代子孫來臺參拜祭祖。在新冠肺炎疫

臺北法華寺門上圖騰「井桁に橘」。（王曉鈴攝）

❶ ❷
❸ ❹
❺ ❻

❶ 臺北法華寺百度石。（王曉鈴攝）

❷ 臺北法華寺內部。（王曉鈴攝）

❸ 臺北法華寺與南無妙法蓮華經石碑。（王曉鈴攝）

❹ 臺北法華寺屋瓦「井桁に橘」，為日蓮宗宗紋。（王曉鈴攝）

❺ 日本善通寺內的百度石。（王曉鈴攝）

❻ 日本佐渡島上的妙宣寺，為日蓮上人弟子創建。（王曉鈴攝）

情發生前兩年，日蓮宗僧團曾重返法華寺舉辦法會，成員為前住持之孫岡田行弘，以及岡山縣日蓮宗各寺院住持。

北投不動明王石窟

現址：臺北市北投區幽雅路杏林巷2號對面

北投幽雅路蜿蜒巷弄內，有一小廟，與山巖瀑布為伴，廟寫大字「不動尊王」，乍看外觀與尋常的小型宮廟無異。解說牌上書寫著此為「北投不動明王石窟」，日治時期北投溫泉發展觀光，溫泉旅館「星乃湯」經營者佐野庄太郎為祈求生意興隆，於一九二〇年代創建「北投不動明王石窟」。

精彩的是小廟內部，石壁上開鑿出的小巧矩形神龕，內部供奉一尊不動明王像，因為長年受香火供養，已燻得一身漆黑。石像表情忿怒，嘴巴露出一上一下兩顆利牙，雙手分別拿利劍與羂索，背負猛火，這模樣分明想嚇人。

不動明王為何呈現出令人印象深刻的忿怒狀？據《大毘盧遮那成佛經疏》解釋：

「所以持利刃以羂索者。承如來忿怒之命。盡欲殺害一切眾生也。羂索是菩提心中四攝方便。以此執繫不降伏者。以利慧刃。斷其業壽無窮之命。令得大空生也。」

這尊北投不動明王造像遵循佛經所描述，以象徵性寫實形象呈現。左手握代表煩惱業障的羂索、右手持寓意佛智的長劍，即以智慧劍摧斷種種纏縛而生大智之義。

對於不動明王像，經常去日本旅行的人應不陌生，在寺院中時常可見祂的身影，但別誤會不動明王是日本獨有的神祇，祂的真實身份是為佛教密教五大明王、八大明王之主尊，毗盧遮那佛（大日如來）的教令輪身，亦即受如來之教命，示現忿怒之相，梵名Acala。我在信仰密教的西藏旅行時，也常在寺院與藏民家裡見到不動明王。

北投不動明王石窟既由溫泉業者發起，表示不動明王的供奉與北投溫泉發展有關。北投除外，臺南的關子嶺溫泉區也有日本留下的不動明王信仰，當地融入親切的臺式神明稱呼，成了關子嶺的「火王爺」信仰，並搭配一年一度的溫泉季活動舉辦火王爺祭，日本神祇在此，儼然身兼了觀光大使身份。

1920年代供奉於北投的不動明王。（王曉鈴攝）

石窟前的日式手水舍。（王曉鈴攝）

北投不動明王石窟。（王曉鈴攝）

花蓮慶修院

現址：花蓮縣吉安鄉中興路345-1號

近年，花蓮慶修院以日寺風情受到喜愛，偶爾有女孩穿著日本浴衣來拍照，洋溢青春氣息。在網紅景點的美麗包裝下，慶修院像是一顆藏起鄉愁的梅仔糖，有甘甜的文化背景，還有酸酸的鄉愁滋味。

二十世紀初，日本人在花蓮開闢移民村，由於移民多半來自四國德島縣吉野川沿岸，便以故鄉的河「吉野」為新家園命名，建立了臺灣第一個日本官營移民村。

慶修院88尊石佛是「四國八十八所靈場」的複製。（王曉鈴攝）

慶修院百度石。（王曉鈴攝）

返回慶修院的「弘法大師」。（王曉鈴攝）

3歲的佐伯憲秀與父親堀智猛法師合照。（王曉鈴攝）

為撫慰移民思鄉之情，宗教隨之進駐，先設立了真宗本願寺派布教所。由於真言宗信徒眾多，大正六年（一九一七）川端滿二募建真言宗吉野布教所。

現在慶修院裡的百度石、不動明王像、光明真言百萬遍石碑及八十八尊石佛，皆是真言宗吉野布教所之物。依序在寺院排列成L型的八十八尊石佛，正是模仿四國遍路，是除了臺北之外，臺灣另一處四國八十八所靈場的複製。據說這些石佛是川端滿二走完四國遍路，請回八十八尊石佛到花蓮吉野，好讓移民們免於奔波就近朝聖，可見其虔誠之心。

真言宗吉野布教所建好後，堀智猛法師來吉野擔任住持，與移民結婚生子，在吉野定居下來，胼手胝足弘法二十四年，受到信徒愛戴，直到二戰結束，才帶著家人遣返回日。

戰後，吉野改名吉安，布教所轉交給在家居士吳添妹管理，改名「慶修院」，改祀釋迦牟尼佛與觀音菩薩。一九九七年慶修院列縣定三級古蹟，並進行修復。

就在當年的日本移民事蹟逐漸被遺忘的時候，二〇〇三年慶修院修復完工，啟用儀式當天，一對年邁的日本兄妹在家人陪伴下來到現場，他們是堀智猛法師的兒女，佐伯憲秀（一九二四～二〇一八）與真子。

佐伯憲秀與妹妹真子出生於吉野，在布教所成長。二戰期間，佐伯憲秀受徵召入伍，成為戰俘囚禁在西伯利亞戰俘營。當他們一家人被遣返回日本時，由十歲的妹妹真子揹著布教所主尊「弘法大師」離開。兩年後佐伯憲秀獲釋返日，繼承父志弘法，擔任廣島長命密寺住持，也繼續奉祀從花蓮帶走的「弘法大師」。

由於慶修院重新啟用的契機，佐伯憲秀與真子重返花蓮。翌年，他們帶著離開近六十年的「弘法大師」回到吉安，重新供奉於慶修院。

投身建設吉野村三十五年的清水半平（一八九〇～一九八一），在所著的《吉野村回顧錄》中憶及，住持堀智猛法師純厚熱誠，受人信賴，兒子崛三郎（日後改名佐伯憲秀）小時候調皮搗蛋，後來成為了不起的僧侶。簡短幾句，流露出住持的子女在吉野村民們看護下長大的情感。

此後，佐伯憲秀每年都回花蓮一次，直到九十歲那年，還堅持坐輪椅來最後一趟。九十五歲過世後，他的孫子依其遺願，抱著佐伯憲秀遺骨返回出生地慶修院。經歷悲歡離合，佐伯憲秀與「弘法大師」最後都回到花蓮故鄉。

前馬公妙廣寺

現址：澎湖縣馬公市啟明街2號（東甲北極殿旁）

日治時期的澎湖媽宮東甲，曾有兩間不同信仰的寺廟比鄰而居，一間為傳統宮廟「北極殿」，是明清以來當地的玄天上帝信仰；另一間日式佛寺「妙廣寺」，由臨濟宗妙心寺派所建。

妙心寺派在臺灣先從澎湖起步，之後才邁向臺北發展。明治三十年（一八九七），大崎文溪受臨濟宗教務本所之令來臺澎各地視察，之後回到澎湖開教，以觀音亭為據點，並為澎湖人治療眼疾。

明治四十三年（一九一〇）馬公建大智山妙廣寺，為妙心寺派布教所。同一年的臺北，臨濟寺也建好庫裡，本堂於隔年完成。

妙廣寺旁的北極殿建得更早，年代有多種說法，依廟裡石碑說明，明代先民已祭祀，於清康熙年間建廟，另有建於光緒元年（一八七五）之說。日治時期大規模重建，昭和二年（一九二七）完工。北極殿主祀玄天上帝（真武大帝），為澎湖四大古廟（關帝廟、天后宮、真武廟、水仙宮）之一，亦是清代治書唯一的媽宮角頭

日本石缽成了北極殿後花園裝飾。
（王曉鈴攝）

北極殿石燈籠，推測為妙廣寺殘留之物。
（王曉鈴攝）

北極殿主祀玄天上帝，為澎湖四大古廟之一。
（王曉鈴攝）

北極殿觀音像，據傳是日本醫生所留。（王曉鈴攝）

廟。

二戰末期，盟軍轟炸澎湖，妙廣寺全毀，戰後被拆除。北極殿則是主體幾乎無損，據說，「當炸彈丟下來時，上帝公（玄天上帝）將其撥開，使得北極殿未受炸毀。」這一則傳說至今仍廣為上帝公信徒流傳。

北極殿有一座後花園，置有假山、水池等，佈置著日本石燈籠與石鉢，石鉢上刻有「明治三十八年十二月」、「肥前國蓮池齋藤貞吉」字樣。據《澎湖獻文化資產手冊》指出，石燈籠與石鉢是妙廣寺所遺留。

「那間日本廟離我們很近。」廟裡一位先生手指左前方一處鐵皮屋，說那就是原來的妙廣寺了。推測妙廣寺部分堅固的石製品殘跡尚存，廟方就近移入作為陳列。

北極殿內另奉祀準提菩薩，同龕神祇有觀音菩薩與齊天大聖。觀音菩薩是二戰後日人所留下，有一說為妙廣寺所祀，但據《澎湖獻文化資產手冊》所述，原主傳為受馬公人敬重的「日本先生」伊東正成醫生所有，戰後返原籍，伊東醫生將觀音菩薩像留在馬公，由北極殿供奉。妙廣寺當時全毀，佛像恐難以倖存，後者可能性較高。

妙廣寺不復存在，但上帝公的廟裡供奉著日本人留下來的觀音像，以日式石燈籠裝飾了宮廟後花園，石缽添加龍頭及「真武大帝勅賜甘露靈水」牌，巧妙混搭宮廟與日本佛寺用物。妙廣寺毀於二戰戰火，但彷彿用另一種形式在北極殿留存。

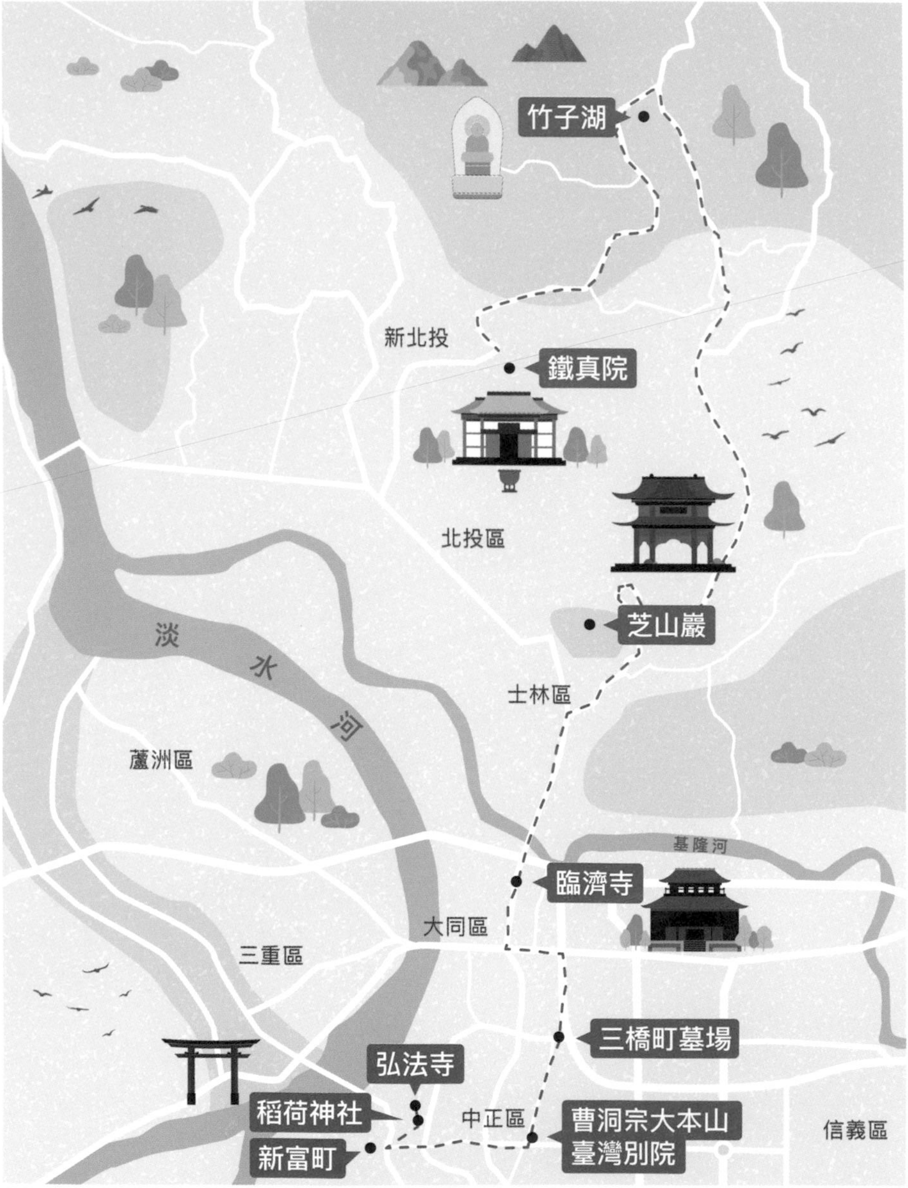

（林采薇繪製）

一九二五年臺北新四國八十八所靈場示意圖

（林采薇繪製）

今日臺北新四國八十八所靈場的石佛寺遺跡

臺北新四國八十八所靈場的石佛位置

番號	寺名	本尊	一九二五位置（地名）	今日位置
第1番	靈山寺	釋迦如來	弘法寺（西門町）	臺北天后宮
第2番	極樂寺	阿彌陀如來	天臺宗（推測為新富町／天臺宗修驗道布教所）	臺北天后宮
第3番	金泉寺	釋迦如來	艋舺稻荷樣（西門町／稻荷神社）	念佛寺
第4番	大日寺	大日如來	不動樣（新富町）	
第5番	地藏寺	勝軍地藏菩薩	不動樣（新富町）	
第6番	安樂寺	藥師如來	曹洞宗（東門町／曹洞宗大本山臺灣別院）	
第7番	十樂寺	阿彌陀如來	大正街公園	
第8番	熊谷寺	千手觀世音菩薩	三板橋墓場（三橋町／今林森公園）	
第9番	法輪寺	涅槃釋迦如來	三板橋墓場（三橋町／今林森公園）	
第10番	切幡寺	千手觀世音菩薩	三板橋墓場（三橋町／今林森公園）	
第11番	藤井寺	藥師如來	臨濟寺	臨濟寺
第12番	燒山寺	虛空藏菩薩	臨濟寺	臨濟寺
第13番	大日寺	十一面觀世音菩薩	臨濟寺	臨濟寺
第14番	常樂寺	彌勒菩薩	臨濟寺	
第15番	國分寺	藥師如來	淨土宗（圓山忠魂堂）	
第16番	觀音寺	千手觀世音菩薩	淨土宗（圓山忠魂堂）	臨濟寺
第17番	井戶寺	七佛藥師如來	淨土宗（圓山忠魂堂）	
第18番	恩山寺	藥師如來	淨土宗（圓山忠魂堂）	臨濟寺
第19番	立江寺	延命地藏菩薩	芝山巖	正願禪寺

番號	寺名	本尊	一九二五位置（地名）	今日位置
第20番	鶴林寺	地藏菩薩	芝山巖	
第21番	太龍寺	虛空藏菩薩	芝山巖	
第22番	平等寺	藥師如來	芝山巖	正願禪寺
第23番	藥王寺	藥師如來	芝山巖	
第24番	最御崎寺	虛空藏菩薩	芝山巖	
第25番	津照寺	延命地藏菩薩	芝山巖	
第26番	金剛頂寺	藥師如來	芝山巖	
第27番	神峯寺	十一面觀世音菩薩	芝山巖	臺史博館
第28番	大日寺	大日如來	芝山巖	正願禪寺
第29番	國分寺	千手觀世音菩薩	芝山巖	
第30番	善樂寺	阿彌陀如來	芝山巖	
第31番	竹林寺	文殊菩薩	芝山巖	
第32番	禪師峰寺	十一面觀世音菩薩	芝山巖	
第33番	雪蹊寺	藥師如來	芝山巖	
第34番	種間寺	藥師如來	芝山巖	正願禪寺
第35番	清瀧寺	藥師如來	芝山巖	
第36番	青龍寺	波切不動明王	士林往草山路徑	正願禪寺
第37番	岩本寺	阿彌陀如來	士林往草山路徑	正願禪寺
第38番	金剛福寺	三面千手觀世音菩薩	士林往草山路徑	正願禪寺
第39番	延光寺	藥師如來	士林往草山路徑	
第40番	觀自在寺	藥師如來	士林往草山路徑	
第41番	龍光寺	十一面觀世音菩薩	士林往草山路徑	
第42番	佛木寺	大日如來	士林往草山路徑	
第43番	明石寺	千手觀世音菩薩	士林往草山路徑	臺史博館

番號	寺名	本尊	一九二五位置（地名）	今日位置
第44番	大寶寺	十一面觀世音菩薩	士林往草山路徑、草山往竹子湖路徑	前山頂餐廳
第45番	岩屋寺	不動明王	草山往竹子湖路徑	陽明路民宅旁
第46番	淨瑠璃寺	藥師如來	草山往竹子湖路徑	
第47番	八坂寺	阿彌陀如來	草山往竹子湖路徑	
第48番	西林寺	十一面觀世音菩薩	草山往竹子湖路徑	
第49番	淨土寺	釋迦如來	草山往竹子湖路徑	臺史博館
第50番	繁多寺	藥師如來	草山往竹子湖路徑	
第51番	石手寺	藥師如來	草山往竹子湖路徑	平菁街巷底
第52番	太山寺	十一面觀世音菩薩	草山往竹子湖路徑	
第53番	圓明寺	阿彌陀如來	草山往竹子湖路徑	
第54番	延命寺	不動明王	草山往竹子湖路徑	
第55番	南光坊	大通智勝如來	草山往竹子湖路徑	
第56番	泰山寺	地藏菩薩	草山往竹子湖路徑	胡宗南墓園旁小徑
第57番	榮福寺	阿彌陀如來	草山往竹子湖路徑	
第58番	仙遊寺	千手觀世音菩薩	草山往竹子湖路徑	
第59番	國分寺	藥師如來	草山往竹子湖路徑	
第60番	橫峰寺	大日如來	草山往竹子湖路徑	
第61番	香園寺	大日如來	草山往竹子湖路徑	
第62番	寶壽寺	十一面觀世音菩薩	草山往北投路徑	
第63番	吉祥寺	毘沙門天	草山往北投路徑	
第64番	前神寺	阿彌陀如來	草山往北投路徑	北投菁山路
第65番	三角寺	十一面觀世音菩薩	草山往北投路徑	
第66番	雲邊寺	千手觀世音菩薩	草山往北投路徑	AIT招待所
第67番	大興寺	藥師如來	草山往北投路徑	

番號	寺名	本尊	一九二五位置（地名）	今日位置
第68番	神惠院	阿彌陀如來	草山往北投路徑	寶山招待所
第69番	觀音寺	聖觀世音菩薩	草山往北投路徑	
第70番	本山寺	馬頭觀世音菩薩	草山往北投路徑	行義路某溫泉旅館
第71番	彌谷寺	千手觀世音菩薩	草山往北投路徑	
第72番	曼荼羅寺	大日如來	北投星乃湯佐野的山附近	
第73番	出釋迦寺	釋迦如來	北投星乃湯佐野的山附近	
第74番	甲山寺	藥師如來	北投星乃湯佐野的山附近	
第75番	善通寺	藥師如來	北投星乃湯佐野的山附近	臨濟寺
第76番	金倉寺	藥師如來	北投星乃湯佐野的山附近	
第77番	道隆寺	藥師如來	北投星乃湯佐野的山附近	
第78番	鄉照寺	阿彌陀如來	北投星乃湯佐野的山附近	臨濟寺
第79番	天皇寺	十一面觀世音菩薩	北投星乃湯佐野的山附近	臨濟寺
第80番	國分寺	十一面千手觀世音菩薩	北投星乃湯佐野的山附近	臨濟寺
第81番	白峯寺	千手觀世音菩薩	北投往大師山路徑	龍雲寺
第82番	根香寺	千手觀世音菩薩	北投往大師山路徑	
第83番	一宮寺	聖觀世音菩薩	北投往大師山路徑	
第84番	屋島寺	十一面千手觀世音菩薩	北投往大師山路徑	
第85番	八栗寺	聖觀世音菩薩	北投往大師山路徑	
第86番	志度寺	十一面觀世音菩薩	北投往大師山路徑	
第87番	長尾寺	聖觀世音菩薩	北投往大師山路徑	
第88番	大窪寺	藥師如來	北投鐵真院	北投鳳梨宅

製表：王曉鈴
資料來源：作者田野調查、《四國靈場八十八箇所御案內帖》、《臺灣日日新報》、《偶爾獨步山林間》網站

大事表

1. 大事表的「臺灣歷史時期」始自清治時期，略去此前的明鄭時期、荷西時期與原住民部落時期。
2. 「本文大事」一欄為詳表，條列本文探討主題。符號◎代表新興宮、弘法寺與臺北天后宮事件。符號▲為臨濟寺、鐵真院、普濟寺事件。符號●為臺北新四國八十八所靈場事件。並加入周邊相關事件。
3. 「歷史大事」一欄為略表，收錄近代世界大事，以及與本文相關的日本、臺灣、中日、臺日歷史大事，包括佛教發展動態。

臺灣歷史時期	西元	本文大事	歷史大事
清治時期（1683～1895）	1746	◎約艋舺新興宮創建	
	1813	◎新興宮火災	
	1825	◎新興宮重修	
	1868		日本明治維新開始／頒布神佛分離令／改年號明治
	1871		八瑤灣琉球人事件
	1874		牡丹社事件
	1894		中日甲午戰爭爆發／日本佛教各宗派前往戰地宣教或募捐軍資
日治時期 武官總督時期	1895	◎真言宗從軍僧椋本龍海（1869-1950）來臺，至1897 ◎真言宗小山祐全（1868-1927）來臺開教，至1927 ◎曹洞宗在新興宮立日本語學校／曹洞宗與龍山寺、祖師廟簽訂本末寺約 ▲平田源吾（1845-1919）在北投開設天狗庵旅館／松本龜太郎（1864-1918）開設松濤園旅館	簽訂《馬關條約》，清廷割讓臺澎予日本 芝山巖六氏先生事件

臺灣歷史時期	西元	本文大事	歷史大事
日治時期 武官總督時期	1897	▲妙心寺派細野南岳來臺 ◎曹洞宗佐佐木珍龍（1865-1934）在新興宮設慈惠醫院／曹洞宗立日本語學校移至龍山寺	
	1898	▲兒玉源太郎（1852-1906）為第四任臺灣總督，至1906 ▲妙心寺派足利天應（?-1906）來臺	
	1899	▲妙心寺派梅山玄秀（1858-1920）來臺	
	1900	▲妙心寺派創建臨濟寺／梅山玄秀為臨濟寺第一任住持，至1914	中國八國聯軍之役
	1901	▲北淡線鐵路通車	
	1903	▲妙心寺派則竹玄敬（約1887-1979）來臺，至1946	
	1904		日俄戰爭爆發／日本佛教各宗派隨軍弘法
	1905	◎小山祐全為真言宗臺北布教場主任 ▲第一代湯守觀音堂竣工／10月17日湯守觀音開眼式 ▲北投成立浴場改良會	
	1907	▲北投湯瀧浴場修建竣工 ●約圓山忠魂堂竣工	
	1910	◎弘法寺竣工 ▲約第二代湯守觀音堂竣工／馬公妙廣寺創立	
	1911	▲臨濟寺大雄寶殿竣工 ●臺北稻荷神社創立	中國辛亥革命，清帝退位，民國成立
	1912		日本改年號大正
	1914	◎小山祐全為真言宗臺灣開教監督 ▲長谷慈圓（1880-1918）為臨濟寺第二任住持，至1918	第一次世界大戰爆發，至1918
	1915	▲第三代湯守觀音堂竣工 ▲妙心寺派東海宜誠（1892- 1989）來臺	西來庵事件

臺灣歷史時期		西元	本文大事	歷史大事
日治時期	武官總督時期	1916	▲村上彰一（1857-1916）過世 ▲鐵真院竣工／鈴木雪應（約1856-1935）為主任 ▲妙心寺派創辦鎮南學林 ▲曹洞宗創辦私立臺灣佛教中學林 淡水線新北投支線竣工	
		1917	◎真言宗吉野布教所（今花蓮慶修院）創建 ▲曹洞宗佛教中學林開校	
		1918	●天臺宗修驗道布教所設置	
	文官總督時期	1919	丸井圭次郎（1870-1934）《臺灣宗教調查報告書（第一卷）》完成	中國五四運動
		1921	南瀛佛教會成立	
		1922	▲曹洞宗佛教中學林收併鎮南學林，改名私立曹洞宗臺灣中學林	
		1923	《南瀛佛教》前身創刊 淨土真宗本願寺派臺灣別院（西本願寺）竣工 ●臺灣曹洞宗大本山別院（東和禪寺）重建竣工	日本皇太子裕仁來臺，造訪北投／關東大地震
		1925	●臺北新四國八十八所靈場創立	
		1926	●臺北西國三十三觀音靈場創立	日本改年號昭和
		1929	●淨土宗本宗臺北開教院（今善導寺）創建	
		1930	臺灣曹洞宗大本山別院（東和禪寺）鐘樓竣工	
		1931	▲鐵真院子安地藏開光 淨土真宗本願寺臺灣別院（西本願寺）竣工	
		1932	▲高林玄寶（1875-1961）為臨濟寺第八任住持，至1939	

臺灣歷史時期	西元	本文大事	歷史大事
日治時期　文官總督時期	1934	▲鐵真院重建竣工／設置《村上彰一翁碑》／湯守觀音遷入鐵真院／臨濟宗妙心寺派布教所認可／鈴木雪應為鐵真院第一任住持 ▲臨濟宗士林布教所竣工 ●三九郎進行臺北遍路	
	1935	▲鐵真院舉辦佛像安座／鈴木雪應過世	
日治時期　武官總督時期	1936	淨土真宗大谷派臺北別院（東本願寺）重建竣工	
	1937	▲則竹秀南於臺南出生	中日戰爭爆發，至1945／日本對臺加緊推行皇民化運動、寺廟整理運動
	1939	增田福太郎（1903-1982）《臺灣の宗教》出版	第二次世界大戰爆發，至1945
	1940	▲東海宗達（1904-1986）為鐵真院第二任住持，至1942	
	1942	◎弘法寺升格為高野山別院，古川法城為初代主監，至1946 ▲安田文秀（1900-1957）為鐵真院第三任住持，至1946	
	1943	◎新興宮遭日本政府強拆	
	1944		臺灣進入備戰狀態
戰後時期（1945～）	1945		日本戰敗投降，國民政府接收臺灣
	1946	◎弘法寺吉川法城離臺，陳火炎接管，至1948／弘法寺改名慈光禪寺 ▲鐵真院安田文秀離臺，智性法師（1884-1964）代理，至1949	臺灣總督府正式廢除
	1947		臺灣二二八事件
	1948	◎慈光禪寺改為新興宮	
	1949	▲甘珠活佛（1914-1978）為鐵真院第五任住持，至1978	臺灣頒布戒嚴令，至1987
	1950		韓戰爆發，至1953

臺灣歷史時期	西元	本文大事	歷史大事
戰後時期（1945～）	1951	▲鐵真院改名普濟寺	
	1952	◎新興宮改名臺灣省天后宮	
	1953	◎臺灣省天后宮遭焚毀	
	1955		越戰爆發，至1975
	1959	◎臺灣省天后宮重建正殿	
	1965	●陽明山中山樓興建	
	1967	◎臺灣省天后宮改名臺北天后宮	
	1968	◎臺北天后宮供奉「弘法大師」	
	1970	●約北投菁山路何宅、平菁街社區開始供奉石佛	
	1972		日本與中華人民共和國建交
	1975	◎高野山真言宗來臺北天后宮為「弘法大師」開眼，金剛峯寺及東京別院此後每年輪流舉辦法會	
	1978	▲性如法師（1928-1985）為普濟寺第六任住持，至1985	
	1979		美國與中華人民共和國建交
	1981	◎黃慶餘任臺北天后宮第一任主委，至1988	
	1985	▲吳滿為普濟寺管理人，至2008	
	1987		臺灣解除戒嚴令／開放兩岸探親
	1988	◎黃慶雲為臺北天后宮第二任主委，至1996	
	1989		日本改年號平成
	1991	▲蓮航法師（1924-2013）為普濟寺第七任住持，至2008	
	1996	◎林華鄂為臺北天后宮第三任主委，至2002	
	1997	▲普濟寺列為臺北市定古蹟	

臺灣歷史時期	西元	本文大事	歷史大事
戰後時期（1945～）	1999		臺灣921大地震
	2000	▲普濟寺整修屋頂，發現1934年所立棟札 ●約北投行義路某溫泉旅館開始供奉石佛	臺灣首次政黨輪替
	2001	臺灣三十三觀音靈場設立	
	2002	◎黃秀福為臺北天后宮第四任主委	
	2008	▲慧明法師為普濟寺第八任住持，至2014	
	2011		311東日本大震災
	2014	▲如目法師為普濟寺第九任住持，至2020	日本四國遍路1200週年
	2016	◎高野山開創1200週年，在臺北天后宮舉辦盛大法會 ●四國平等寺等在臺北天后宮舉辦御影供法會	
	2017	▲湯守觀音開光111週年，1月21日（農曆12月24日）舉辦第一次見面會 ◎高野山高校僧團來臺北天后宮舉辦法會 ▲12月21日普濟寺與京都妙心寺靈雲院締結兄弟寺，並舉辦湯守觀音見面會	
	2018	◎廣島真言宗尾道真生會在臺北天后宮舉辦法會 ●臺史博館「神像特展－神界人間」展示石佛	花蓮近海地震
	2019	▲1月29日（農曆12月24日）湯守觀音見面會／12月發現疑似第三代觀音堂遺址	日本改年號令和
	2020	▲1月18日（農曆12月24日）湯守觀音見面會／6月如廣法師為普濟寺第十任住持／10月17日湯守觀音複刻版開光安座	新冠肺炎全球大流行

製表：王曉鈴

參考書目

一、中文專書

丁仁傑，《重返保安村：漢人民間信仰的社會學研究》，臺北：聯經出版，2013。
小歐，《遍路：1200公里四國徒步記》，臺北：群星文化，2014.5。
王世煒、王美文編著，《閱讀臺北天后宮》，臺北天后宮管理委員會出版，二版，2014.12。
王世煒、許嘉文編著，《臺北天后宮的歷史》，臺北天后宮管理委員會出版，2011。
王惠君，《臺北歷史．空間．建築：新莊、艋舺、西門、大龍峒、圓山、劍潭》新北：左岸文化出版，2019.7。
江燦騰，《臺灣佛教史》，臺北：五南出版社，2009。
江燦騰，《認識臺灣本土佛教：解嚴以來的轉型與多元新貌》，臺北：臺灣商務印書館，2012.5。
李豐楙，《從聖教到道教：馬華社會的節俗、信仰與文化》，臺北：國立台灣大學出版中心，2018.5。
屈大成，《大乘大般涅槃經研究》二刷，臺北：文津出版，2003.12。
林承緯，《宗教造型與民俗傳承——日治時期在臺日人的庶民信仰世界》，臺北：藝術家出版社，2012.10。
林欐嫚，《臨濟宗妙心寺派在臺布教史（1895-1945）》，臺北：萬卷樓出版，2019.7。
侯坤宏，《流動的女神——觀音與媽祖》，臺北：佛光文化出版，2017.1。
陳清香，《西方淨土變相的源流及發展》，臺北：文殊出版，1988.9。
陳清香，《臺灣佛教美術的傳承與發展》，臺北：文津出版，2005.4。
許育鳴建築師事務所、洪德揚編著，《北投普濟寺修復及再利用計畫》，臺北：北投普濟寺出版，2011.5。
黃明貴編著，《北投普濟寺（原名鐵真院）簡介》，臺北：北投普濟寺出版，2017.12。
溫國良編譯，《臺灣總督府公文類纂宗教史料彙編（明治三十八年至大正六年）》，南投市：國史館臺灣文獻館，2012。
蔡怡佳，《宗教心理學之人文詮釋》，臺北：聯經出版，2019.10。
劉枝萬，《中國佛教史論集（八）－臺灣佛教篇》，臺北：大乘文化出版，1978.1。

賴鵬舉，《絲路佛教的圖像與禪法》，中壢市：圓光出版，2002.12。
闞正宗，《臺灣日治時期佛教發展與皇民化運動——「皇國佛教」的歷史進程（一八九五——九四五）》，新北：博揚文化出版，2011。
闞正宗，《臺灣觀音信仰的「本土」與「外來」》，新北：博揚文化出版，2018.7。

二、中文譯著與外文專書

于君方著，陳懷宇、姚崇新、林佩瑩譯，《觀音——菩薩中國化的演變》，法鼓文化出版，2014.2。
〔美〕John Dewey（約翰杜威）著，高建平譯，《藝術即經驗》，臺北：五南出版，2019.8。
〔美〕John M. Rosenfield（羅森福）著，顏娟英譯，《奈良大佛與重源肖像——日本中古時期佛教藝術的蛻變》，臺北：石頭出版，2018.6。
〔美〕Mircea Eliade（伊利亞德）著，楊素娥譯，《聖與俗——宗教的本質》，臺北：桂冠圖書，2001。
〔美〕Prasenjit Duara（杜贊奇）著，韋思諦編，陳仲丹譯，〈刻劃標誌：中國戰神關帝的神話〉《中國大眾宗教》，南京：江蘇人民出版，2006.7。
〔美〕Robert Hymes（韓明士）著，皮慶生譯，《道與庶道：宋代以來的道教、民間信仰和神靈模式》，江蘇人民出版社，2007。
〔美〕Valerie Hansen（韓森）著，包偉民譯，《變遷之神：南宋時期的民間信仰》，杭州：浙江人民出版社，1999.9。
Lin, Wei-Ping（林瑋嬪），“Materializing Magic Power: Chinese Popular Religion in Villages and Cities.” MA:Harvard University Asian Center Press, 2015.

三、日人著作

〔日〕三九郎，〈臺北新四國八十八箇所巡禮の記〉《臺灣遞信協會雜誌》153-155期，（1934.11-1935.1）。
〔日〕丸井圭次郎，《臺灣宗教調查報告書（第一卷）》，臺北：臺灣總督府，1919。
〔日〕中島春甫，《北投草山溫泉案內昭和五年》，臺北市：臺灣案內社，1930.6。
〔日〕內藤素生編，《南國之人士》，臺北：臺灣人物社，1922.10。

〔日〕末木文美士著，涂玉盞譯，《日本佛教史——思想史的探索》，臺北：商周出版，2002.12。
〔日〕田中均，《北投溫泉の栞》，臺北州：七星郡北投庄役場，1929。
〔日〕田淳吉編，《鄉土讀本わが里》，臺北州：士林公學校，1935.2。
〔日〕平田源吾，《北投温泉誌》，臺北廳：天狗庵，1909。
〔日〕江木生，〈內地仏教の台湾伝来と其現勢〉《南瀛佛教》15卷2號，（1937.2），頁15-20。
〔日〕江西蓼州編，《妙心寺派寺院錄》，京都府：妙心寺派教務本所，1921.5。
〔日〕西村理惠，〈臺灣的溫泉與湯守觀音：北投溫泉．谷關溫泉的開法與溫泉思想的繼承方法〉，日本溫泉地域學會第27回研究發表大會.總會，2016.6。
〔日〕西岡英夫，〈四國遍路與清明節〉《南瀛佛教》16卷4號，（1938.4），頁23-27。
〔日〕肥田路美著，顏娟英等譯，《雲翔瑞像：初唐佛教美術研究》，臺北：臺大出版中心，2018.9。
〔日〕松金公正，〈日據時期日本佛教之臺灣布教——以寺院數及信徒人數的演變為考察中心〉《圓光佛學學報》3期，（1999.2），頁191-222。
〔日〕松金公正，〈日本統治期における妙心寺派臺灣布教の變遷——臨済護国禅寺建立の占める位置〉《宇都宮大學國際學部研究論集》12號，2001.3，頁137-162。
〔日〕松金公正，〈戰後的真宗大谷派臺北別院：日本佛教在臺灣的印象形成〉《臺灣學研究》15期，（2003.6），頁95-118。
〔日〕林進發編，《臺灣官紳年鑑》，臺北市：民眾公論社，1932。
〔日〕林錫慶，《臺灣社寺宗教要覽》，臺北：臺灣社寺宗教刊行會，1933.3。
〔日〕望月信亨著，釋印海譯，《中國淨土教理史》三版，臺北：正聞出版，1991.4。
〔日〕清水半平著，齋藤光譯，《官營移民：吉野村回顧錄》，臺北，蔚藍文化，2020.12。
〔日〕黃葉秋造編，《鎮南紀念帖》，臺北：鎮南山臨濟護國禪寺，1913。
〔日〕藤井淳著，辛如意譯，〈空海的入唐目的〉，末木文美士編，《日本佛教的基礎——日本Ⅰ》，臺北：法鼓文化出版，2019.1。
〔日〕增田福太郎著，黃有興譯，江燦騰編，〈臺灣的宗教〉《臺灣宗教信仰》，臺北：東大圖書，2005.5。
〔日〕《湯守觀世音の栞》，北投鐵真院藏版，約1916之後出版。

四、期刊與碩士論文

王見川，〈略論日僧東海宜誠及其在臺之佛教事業〉《圓光佛學學報》3期，（1999.3），頁357-382。

林瑋嬪，〈臺灣漢人的神像：談神如何具象〉《臺灣人類學刊》1卷2期，（2003.12），頁115-147。

洪德揚，〈北投湯守觀音考〉《北投文化雜誌》13期，（2005.11），頁13-19。

闞正宗，〈真言宗弘法寺與臺北天后宮：《閱讀臺北天后宮》內容的商榷〉《臺北文獻》158期，（2006.12），頁33-54。

闞正宗，〈司公與乩童──日本「皇民化運動」下道士的佛教化〉《玄奘佛學研究》11期，（2009.3），頁87-109。

闞正宗，〈日本殖民時期龍山寺管理型態與日僧的活動（1895-1901）〉《圓光佛學學報》33期，（2019.6），頁197-221。

〔荷〕Dennis Prooi, 2017,“The Taipei Tianhou-gong and the Shikoku Henro：A Place-based Approach”Research Master Asian Studies Leiden University.

釋通伽，《遍路者的心理轉變歷程研究──以臺灣籍遍路者為例》，法鼓文理學院佛教學系碩士論文，2019.6。

五、地方志與研究報告

王惠君，《日治時期日本真言宗與淨土宗在臺興建佛寺之背景與建築特色研究》，行政院國家科學委員會專題研究計畫成果報告，2011.11。

《北投區志》，臺北市北投區公所，2011.9。

《陽明山國家公園日式溫泉建築調查研究》，陽明山國家公園管理處，2003.11。

六、報紙與網路資訊

〔日〕《臺灣日日新報》1905～1931年。

〔日〕《國立國會圖書館》網站（https://dl.ndl.go.jp/），2019.11.13查閱。

〈觀音石佛總整理〉《偶爾獨步山林間》（https://www.waytogo.cc/user/kenny/），2020.4.9查閱。

《佛光電子大辭典》（https://www.fgs.org.tw/fgs_book/fgs_drser.aspx），佛光山宗務委員會。

CBETA電子佛典集成。

ACROSS 59

從弘法寺到天后宮：走訪日治時期臺北朝聖之路

作　者—王曉鈴
主　編—謝翠鈺
企劃主任—賴彥綾
插　畫—林采薇
封面設計—陳文德
美術編輯—趙小芳

董事長—趙政岷
出版者—時報文化出版企業股份有限公司
108019台北市和平西路三段二四〇號七樓
發行專線—（〇二）二三〇六六八四二
讀者服務專線—〇八〇〇二三一七〇五
（〇二）二三〇四七一〇三
讀者服務傳真—（〇二）二三〇四六八五八
郵撥—一九三四四七二四時報文化出版公司
信箱—一〇八九九　臺北華江橋郵局第九九信箱
時報悅讀網—http://www.readingtimes.com.tw
法律顧問—理律法律事務所　陳長文律師、李念祖律師
印　刷—勁達印刷有限公司
初版一刷—二〇二二年一月七日
定　價—新台幣四二〇元
（缺頁或破損的書，請寄回更換）

時報文化出版公司成立於一九七五年，
並於一九九九年股票上櫃公開發行，於二〇〇八年脫離中時集團非屬旺中，
以「尊重智慧與創意的文化事業」為信念。

從弘法寺到天后宮：走訪日治時期臺北朝聖之路 / 王曉鈴作 . -- 初版 . -- 臺北市 : 時報文化 , 2022.1
面；　公分 . -- (Across ; 59)

ISBN 978-957-13-9875-4(平裝)
1. 寺廟 2. 日據時期 3. 臺北市

733.9/101.61　　110021700

ISBN 978-957-13-9875-4
Printed in Taiwan